GW00854571

Diênifer Jorge

RESTORATIVE JUSTICE

EIN MÖGLICHES WERKZEUG ZUR PRÄVENTION UND LÖSUNG VON SCHULKONFLIKTEN

ScienciaScripts

Imprint

Any brand names and product names mentioned in this book are subject to trademark, brand or patent protection and are trademarks or registered trademarks of their respective holders. The use of brand names, product names, common names, trade names, product descriptions etc. even without a particular marking in this work is in no way to be construed to mean that such names may be regarded as unrestricted in respect of trademark and brand protection legislation and could thus be used by anyone.

Cover image: www.ingimage.com

This book is a translation from the original published under ISBN 978-620-3-46740-6.

Publisher:
Sciencia Scripts
is a trademark of
Dodo Books Indian Ocean Ltd., member of the OmniScriptum S.R.L Publishing group
str. A.Russo 15, of. 61, Chisinau-2068, Republic of Moldova Europe

ISBN: 978-620-3-63526-3

ZUSAMMENFASSUNG

Restorative Justice wird als eine Reihe von Prinzipien, Werten und Methoden verstanden, die eine Kultur des Friedens und der gewaltfreien Kommunikation predigen und darauf abzielen, die Bedürfnisse der Opfer zu beachten und zu erfüllen, und nicht nur auf die Bestrafung des Täters abzielen. Darüber hinaus hat sie, wie die traditionelle vergeltende Gerechtigkeit, eine internationale Reichweite und wird aufgrund ihrer wiederherstellenden und präventiven sozialen Funktion bei neuen Konflikten in verschiedenen Bereichen, wie z.B. der Bildung, angewendet. Zunächst wurde eine historisch-evolutionäre Annäherung an Restorative Justice vorgenommen, gefolgt von einer kritischen Analyse ihres aktuellen Kontextes im Bundesstaat Rio Grande do Sul, mit Schwerpunkt auf der zentralen Region. In einem zweiten Moment wurde ein Ansatz über das Konzept, die Prinzipien, Werte und Verfahren der Restorative Justice entwickelt, mit Schwerpunkt auf den Verfahren der Peace Circles und Restorative Circles. Und schließlich eine Analyse der Anwendung, der Bedeutung und der Effektivität von Restorative Justice bei der Lösung von Schulkonflikten, in der zentralen Region von Rio Grande do Sul in den Jahren 2014 bis 2016, basierend auf Daten, die in der Feldforschung gewonnen wurden, durchgeführt durch die Anwendung von zwei Fragebögen in einer Studiengruppe über Restorative Justice, in der festgestellt wurde, dass Restorative Justice ein mögliches Werkzeug bei der Lösung und Prävention von Schulkonflikten ist. Darüber hinaus wird diese Studie in die angenommene Forschungslinie: Konstitutionalismus undKonkretisierungvon Rechten und in den Schwerpunktbereich: Staatsbürgerschaft, öffentliche Politik und Dialog zwischen Rechtskulturen eingefügt.

Stichworte: Friedenskreise. Widersprüche. Ausbildung. Wiederherstellende Gerechtigkeit.

ABSTRACT

Wiederherstellende Gerechtigkeit wird als eine Reihe von Prinzipien, Werten und Methoden verstanden, die die Kultur des Friedens und der gewaltfreien Kommunikation predigen und darauf bedacht sind, die Bedürfnisse der Opfer zu beachten und zu erfüllen, und nicht nur auf die Bestrafung des Täters abzielen. Darüber hinaus hat sie, wie die traditionelle vergeltende Gerechtigkeit, einen internationalen Geltungsbereich und wird in verschiedenen Bereichen wie z.b. der Bildung angewandt, da sie eine wiederherstellende und präventive soziale Funktion für neue Konflikte hat. Zunächst wurde eine historisch-evolutionäre Annäherung an die Restorative Justice durchgeführt, gefolgt von einer kritischen Analyse des aktuellen Kontextes dieser im Bundesstaat Rio Grande do Sul, mit Schwerpunkt auf der zentralen Region. In einer zweiten Phase wurde ein Ansatz über das Konzept, die Prinzipien, Werte und Prozeduren der Restorative Justice entwickelt, mit Schwerpunkt auf den Prozeduren der Peace Circles und Restorative Circles. Und schließlich wurde eine Anwendung der Analyse durchgeführt, die Bedeutung und Wirksamkeit der Restorative Justice bei der Lösung von Konflikten in der Schule, die zentrale Region von Rio Grande do Sul in den Jahren 2014- 2016, basierend auf Daten, die in der Feldforschung erhalten wurden, durchgeführt durch die Anwendung von zwei Fragebögen in einer Gruppe von Studien über Restorative Justice, in denen es zu dem Schluss kam, dass Restorative Justice ein mögliches Instrument bei der Lösung und Prävention von Konflikten in der Schule ist. Darüber hinaus ist diese Studie Teil der angenommenen Forschungslinie: Konstitutionalismus und Umsetzung von Rechten und dem Bereich der Konzentration: Staatsbürgerschaft, öffentliche Politik und Dialog zwischen Rechtskulturen.

Stichworte: Friedenskreis. Konflikt. Bildung. Restorative Justice. Ausbildung.

KARTENLISTE

ZUSAMMENFASSUNG

EINLEITUNG

Die vorliegende Studie hat als zentrales Thema die Analyse von Restorative Justice in ihrem historischen, konzeptionellen und prozeduralen Aspekt, sowie die Analyse über die Anwendung, Bedeutung und Effektivität dieses Instruments im Bereich der Bildung. Über die letztere, steht es insbesondere in der Lösung und Prävention von Schulkonflikten, die in der zentralen Region von Rio Grande do Sul, zwischen den Jahren 2014 und 2016, durch die Überprüfung der Daten in Feldforschung durchgeführt erhalten aufgetreten. Daher zielt diese Forschung darauf ab, die Wirksamkeit von Restorative Justice als eine Form der Konfliktlösung und Prävention im schulischen Umfeld zu analysieren. Daher wird als spezifisches Ziel vorgeschlagen, die Geschichte und Entwicklung der Restorative Justice zu studieren und den aktuellen Kontext der Restorative Justice im Bundesstaat Rio Grande do Sul kritisch und kurz zu analysieren. Auch Forschung über die Prinzipien, Werte, Verfahren und Methoden, die von dieser Gerechtigkeit und Studie die Anwendung und Bedeutung der Restorative Justice in der Schule Konflikte, Überprüfung, ob Restorative Justice ist ein mögliches Instrument für die Prävention und Lösung von Konflikten in der Schule, die in der zentralen Region von Rio Grande do Sul in den Jahren 2014 bis 2016 aufgetreten.

Darüber hinaus ist Restorative Justice derzeit von internationaler Bedeutung und erweist sich als sehr effektiv und innovativ, was das Interesse von Forschern weckt, da, wie in dieser Studie festgestellt, bereits zahlreiche Fälle von Erfolg und Nutzen in verschiedenen Bereichen, einschließlich Bildung, berichtet wurden. Es gibt auch eine wachsende soziale Unzufriedenheit mit der gegenwärtigen Anwendung der vergeltenden Justiz, aufgrund ihrer Unwirksamkeit im Resozialisierungsprozess, in der effektiven Lösung von Konflikten, in der Erfüllung der Bedürfnisse der Opfer und in der sozialen Befriedung. Das macht das Interesse und die Notwendigkeit, das Studium und die Anwendung von Restorative Justice zu fördern, noch latenter, in einer alternativen oder ergänzenden Art und Weise zu rachsüchtiger Gerechtigkeit, indem restaurative Praktiken durch Forschung wie diese entwickelt und angepasst werden, die weithin und effizient angewendet werden können und so eine Kultur des Friedens in unserer Gesellschaft schaffen.

Darüber hinaus wird diese Notwendigkeit akzentuiert, wenn der Fokus auf dem Bereich der Bildung liegt, da die Gewalt unter Jugendlichen, Lehrern und all jenen, die die Schulgemeinschaft ausmachen, wie Eltern und Personal, im Land zunimmt. Um die Situation noch schlimmer zu machen, wird diese Gewalt bagatellisiert und nicht richtig behandelt. Daher ist es wichtig, die wiederherstellenden Praktiken im schulischen Umfeld zu untersuchen und ihre Wirksamkeit, Bedeutung und Anwendungsform zu überprüfen, um solche Gewalt letztendlich zu minimieren oder zu beseitigen. Unter Berücksichtigung dieser Aspekte wurde diese Studie durchgeführt.

Um das vorgeschlagene Ziel zu entwickeln, wurde eine bibliographische Studie von Werken und Autoren zum Thema durchgeführt, wie Kay Pranis, Howard Zehr, Paulo Freire, unter anderem, zusätzlich zur Lektüre von wissenschaftlichen Artikeln und Fibeln, die von den Behörden für das Studium und die Anwendung von restaurativen Praktiken entwickelt wurden. Veranstaltungen zum Thema Restorative Justice auf offiziellen Websites, wie dem Justice for the 21st Century Project und einigen Bildungseinrichtungen, die sich mit der Einführung dieses Instruments in der akademischen Gemeinschaft beschäftigen, trugen ebenfalls zur bibliographischen Konsultation bei.

Eine quantitative und qualitative Feldforschung wurde auch während der von der regionalen Bildungsstaatsanwaltschaft von Santa Maria (PREduc-SM) geförderten Studiengruppe durchgeführt, an der die Forscherin nur einmal teilnahm, und zwar am Tag, an dem sie die Forschung durchführte. Es wurden Fragebögen verteilt und Interviews durchgeführt, die sich mit der Bedeutung und Effektivität der Anwendung von Restorative Justice bei der Lösung und Prävention von Schulkonflikten in der zentralen Region von Rio Grande do Sul befassten. Dazu wurden mit Hilfe des ersten Fragebogens (Anhang A) 25 Fachleute aus dem Bildungsbereich befragt, darunter Lehrer, Erziehungsberater, Manager, Psychologen und Mitarbeiter der Stiftung fürsozialpädagogischeBetreuung(FASE) in den Gemeinden des PREduc-SM-Bereichs, deren Ergebnisse in Grafiken dargestellt wurden. Und der 2. Fragebogen (Anhang B) wurde auf zwei verschiedene Arten angewandt, wobei nur die 7 anwesenden Führungskräfte befragt wurden. Einige dieser Führungskräfte beantworteten die Fragen schriftlich, während andere im Anschluss an diesen Fragebogen interviewt wurden, aus Gründen der Zeit und Bequemlichkeit der Teilnehmer. Obwohl beide Fragebögen darauf abzielten, zu überprüfen, wie die Anwendung von Restorative Justice bei der Lösung und Prävention von Schulkonflikten in der zentralen Region von Rio Grande do Sul in den Jahren 2014 bis 2016 erfolgt, sowie ihre Effektivität und ihre Bedeutung, hatte der erste Fragebogen einen Fokus auf persönliche und individuelle Fragen der Teilnehmer zum Thema, während der 2. Fragebogen eine allgemeinere Analyse des Themas lieferte, auch aus diesem Grund wurde er nur mit den Verwaltungsbehörden der zentralen Region von Rio Grande do Sul durchgeführt, so dass es auch möglich war, einen breiteren und unpersönlichen Blick auf Restorative Justice als Instrument zur Lösung und Prävention von Schulkonflikten zu erhalten.

Daher wird die Forschung in die angenommene Forschungslinie: Konstitutionalismus und Konkretisierung von Rechten und in den Schwerpunktbereich: Staatsbürgerschaft, öffentliche Politik und Dialog zwischen Rechtskulturen eingefügt. Zusätzlich zu den oben genannten Punkten und in der Erkenntnis, dass die Schule ein Umfeld ist, das nicht nur die intellektuelle, sondern auch die moralische Bildung von Kindern und Jugendlichen prägt, ist es wichtig, dass dieses Umfeld friedlich ist und eine Kultur des Friedens vorherrscht und dass Konflikte effektiv gelöst werden. Auf diese Weise werden harmonische Bedingungen geschaffen, die in den Beziehungen, die in dieser Umgebung entstehen, notwendig sind, um das echte intellektuelle und moralische Lernen zu gewährleisten, das von diesen Bildungseinrichtungen erwartet wird. Daher ist die Analyse der Anwendung von Restorative Justice als eine Form der Lösung und Prävention von Schulkonflikten, die in der zentralen Region von Rio Grande do Sul zwischen den Jahren 2014 und 2016 aufgetreten sind, sehr wichtig, um zu verstehen, zu erweitern und die Anwendung dieser Methoden in konkreten Fällen zu verbessern, um Kindern und Jugendlichen eine qualitativ hochwertige Bildung und die Garantie der Wirksamkeit ihrer Rechte zu gewährleisten.

1. HISTORISCHE ENTWICKLUNG VON RESTORATIVE JUSTICE

Die Prinzipien und Werte, die restaurative Praktiken leiten, sind sehr alt und wurden ursprünglich von indigenen Völkern angewandt, um Konflikte zu lösen, die in ihren Gemeinschaften auftraten. Gegenwärtig hat Restorative Justice eine internationale Reichweite, da es eine wiederherstellende und präventive soziale Funktion neuer Konflikte hat, die Kultur des Friedens, gewaltfreie Kommunikation predigt, die Bedürfnisse der Opfer beachtet und erfüllt und nicht nur auf die Bestrafung des Täters abzielt. Diese Form der Justiz hat sich in Opposition zur traditionellen Vergeltungsjustiz entwickelt und gefestigt, da sie ineffektiv bei der Resozialisierung des Täters und der effektiven Lösung von Konflikten ist und die Verbreitung einer Kultur der Rache in unserer Gesellschaft fördert. So entstehen restaurative Praktiken als Alternative, als Mittel zur Ergänzung der traditionellen Justiz, die ein wesentlicher Bestandteil für den Aufbau einer Kultur des Friedens auf der ganzen Welt ist1.

Dieses Kapitel befasst sich zunächst mit der Geschichte und der Entwicklung von Restorative Justice als Form der Konfliktlösung und -prävention, indem es ihren Ursprung und ihre weltweite Verbreitung betrachtet. Als nächstes werden die Pioniere in der Forschung und Formulierung zum Thema und ihre jeweiligen Arbeiten in einem globalen Kontext und die Ankunft und Auswirkung der Restorative Justice in Brasilien gerettet, sowie die ersten Gesetzgebungen, die ihre Prinzipien, die Ereignisse und die herausragenden Projekte, die zum Thema durchgeführt wurden.

In einem zweiten Moment wird eine kurze kritische Analyse über den aktuellen Kontext von Restorative Justice im Bundesstaat Rio Grande do Sul, mit Schwerpunkt auf der zentralen Region, gemacht, indem das Projekt Gerechtigkeit für das 21. Jahrhundert und die anderen Projekte, die der Implementierung und Lehre von Restorative Justice gewidmet sind, näher betrachtet werden.

---

[1]PROJEKT GERECHTIGKEIT FÜR DAS 21. JAHRHUNDERT: EINFÜHRUNG VON WIEDERHERSTELLUNGSPRAKTIKEN. Anders
Länder und Kulturen, die gleiche soziale Unruhe. Rio Grande doSul. Disponívelem :
http://www.justica21.org.br/j21.php?id=82&pg=0#.VI4V79KrTIU>. Zugriff am 1. Dez. 2015.

1.1 Historisch-evolutionärer Ansatz zu Restorative Justice

Die Prinzipien und Werte, die Restorative Justice ausmachen, werden seit mehr als drei Jahrzehnten diskutiert. [2] Alte Zivilisationen haben bereits Ideen, die Restorative Justice inhärent sind, zur Konfliktlösung genutzt, wie z.B. einige indigene Völker, die zur Lösung ihrer Konflikte einen befriedenden Dialog nutzten und die Werte der Partizipation, des Respekts und der Verantwortung anwandten, um eine effektive Lösung zu erreichen und das Wohlergehen der Gemeinschaft als Ganzes zu erhalten. So entstanden restaurative Verfahren aus der Beobachtung der von den Ureinwohnern angewandten Konfliktlösungsmethoden3.Restorative Justice, auch mit innovativen Idealen, wurde auf der ganzen Welt entwickelt und erreichte Länder wie die Vereinigten Staaten, Chile, Kolumbien, Argentinien, Südafrika, Neuseeland und andere. [4] In den Vereinigten Staaten begannen die Diskussionen über diese neue Form der Gerechtigkeit 1970, wobei der Höhepunkt der Verbreitung dieser Ideen in den 1990er Jahren lag, als die nordamerikanische Nation aufgrund der Krise ihres Strafrechtssystems, das erfolglos versuchte, die Insassen zu resozialisieren5 , unter ernsthaften sozialen Problemen litt.Auch bei der erstmaligen Anwendung von Restorative Justice stach Neuseeland hervor, das ab 1989 Restorative Justice als zentrales System für den Umgang mit Konflikten im Bereich der Kindheit und Jugend einführte6. In Maori, einer Gemeinschaft in diesem Land, in der das soziale Problem der Behandlung von Kindern und Jugendlichen sehr intensiv war und sie von ihren Familien durch Entscheidungen der geltenden Justiz isoliert wurden, wenn sie Fehler begingen, war die Einführung von wiederherstellenden Praktiken wesentlich für die Gemeinschaft. Inklusiv, 1989 wurde die

---

[2]PROJEKT GERECHTIGKEIT FÜR DAS 21. JAHRHUNDERT: EINFÜHRUNG VON WIEDERHERSTELLUNGSPRAKTIKEN. Anders
Ländern und Kulturen, die gleiche soziale Unruhe. Rio Grande do Sul. Erhältlich bei:
< http://www.justica21.org.br/j21.php?id=82&pg=0#.Vl4V79KrTlU>. Zugriff am: 1. Dez. 2015.
[3]PINHO, Rafael Gonçalves. *Restorative Justice:* ein neues Konzept. Elektronische Zeitschrift für Verfahrensrecht - REDP. Band III
Periodikum der Stricto Sensu Post-Graduierung in Verfahrensrecht von UERJ. Verfügbar unter: <
http://www.arcos.org.br/periodicos/revista-eletronica-de-direito processual/volume-iii/justica-restaurativa-um-novo-concept>.
Zugriff am: 1. Dez. 2015.
[4]PROJEKT GERECHTIGKEIT FÜR DAS 21. JAHRHUNDERT: EINFÜHRUNG VON WIEDERHERSTELLUNGSPRAKTIKEN. Anders
Länder und Kulturen, die gleiche soziale Unruhe. Rio Grandedo Sul. Disponívelem :
< http://www.justica21.org.br/j21.php?id=82&pg=0#.Vl4V79KrTlU>. Zugriff am: 1. Dez. 2015. [5]PALLAMOLLA , Raffaella da
Porciuncula. *Wiederherstellende Gerechtigkeit*: von der Theorie zur Praxis. São Paulo: IBCCRIM, 2009.
[6]ZEHR, Howard. *Justiça restaurativa*: teoria e prática. São Paulo: Palas Athena, 2012. Originaltitel: The Little Book os Restorative
Justice. Übersetzung: Tônia Van Acker.

Kinderstatut in Neuseeland, das als Meilenstein gilt, der Restorative Justice in den Bereich der Konflikte mit Kindern und Jugendlichen einführte. Von diesem Gesetz an wurde ein Programm verabschiedet, das die Familien und die Gemeinschaft in den Konfliktlösungsprozess einbezieht, das Opfer einlädt, an der Konstruktion der endgültigen Entscheidung teilzunehmen, und das sowohl die Wiedergutmachung des Schadens als auch die Resozialisierung des Täters vorsieht. Mit dem Erfolg dieser Anwendung begann Neuseeland, restaurative Verfahren in anderen Konfliktbereichen, wie z.B. im Strafrecht, einzusetzen, die nicht nur Jugendliche oder Kinder betrafen7.Im Allgemeinen begann die Anwendung von Restorative Justice mit einem Schwerpunkt auf Delikten mit geringerem Beleidigungspotenzial oder mit Kindern und Jugendlichen. Heutzutage, nach vielen Studien zu diesem Konfliktlösungsinstrument, wird es jedoch auch bei schwereren Straftaten, wie Vergewaltigung und Tötungsdelikten, angewendet. Darüber hinaus wird sie in Südafrika in Fällen verallgemeinerter Gewalt durch die Wahrheits- und Versöhnungskommissionen eingesetzt, da in diesem Land eine sehr instabile soziale Situation verbleibt, aufgrund der großen Anzahl von Konflikten, die aus den Überbleibseln der Apartheid, die eine harte Politik der Rassentrennung war, entstanden sind. Aufgrund der positiven Ergebnisse der Anwendung dieses Instruments in mehreren Ländern begann man, es in verschiedenen Umgebungen einzusetzen, die nicht nur mit Kriminalität in Verbindung stehen, wie z. B. Schulen, wo die Anwendung restaurativer Praktiken zum Aufbau einer Kultur des Friedens von größter Bedeutung ist, um ein harmonisches und lernförderndes Schulumfeld zu gewährleisten, sowie in verschiedenen Rechtsbereichen, einschließlich derjenigen, die sich auf Arbeitsbeziehungen beziehen8.Die Entstehung von Restorative Justice, wie sie heute bekannt ist, wurde zunächst von Albert Eglash aufgebaut, der als einer der Pioniere auf dem Gebiet der restaurativen Prozesse gilt. Die Grundidee, auf der Restorative Justice aufbaut, wurde in seinem Werk *Beyond Restitution: Creative Restitution*, veröffentlicht in *Restitution in Criminal Justice*, von Joe Hudson und Burt Gallaway konsolidiert. In dieser Arbeit wurde zum ersten Mal die Bezeichnung Restorative Justice verwendet9.

7PINHO, Rafael Gonçalves. *Restorative Justice:* ein neues Konzept. Elektronische Zeitschrift für Verfahrensrecht - REDP. Band III Periodikum der Stricto Sensu Post-Graduierung in Verfahrensrecht von UERJ. Verfügbar unter: < http://www.arcos.org.br/periodicos/revista-eletronica-de-direito processual/volume-iii/justica-restaurativa-um-novo-concept>. Zugriff am: 1. Dez. 2015.
8ZEHR, Howard. *Justiça restaurativa:* teoria e prática. São Paulo: Palas Athena, 2012. Originaltitel: The Little Book os Restorative Justice. Übersetzung: Tônia Van Acker.
9MOLINO, Fernanda Brusa. *Restorative Justice:* Möglichkeit oder Utopie? Artikel veröffentlicht im Online-Rechtsportal Âmbito Jurídico.com.br.Verfügbar unter: < http://www.ambito-

In Albert Eglashs Werk wird die Idee der Wiederherstellung der traditionellen Idee der Strafjustiz entgegengesetzt, die eine vergeltende Gerechtigkeit ist. So entsteht ein neues Konzept der Gerechtigkeit, das eine breite wiederherstellende Rolle hat und darauf abzielt, nicht nur den Schaden des Opfers, sondern auch den des Täters und der Gesellschaft als Ganzes zu reparieren, ganz anders als die traditionelle Gerechtigkeit, die sich auf die Aktivität der Bestrafung des Täters für den verursachten Schaden konzentriert10.Darüber hinaus sticht Howard Zehr als Autor zum Thema hervor, der mehrere wichtige Werke zur Verbreitung, Umsetzung und Erforschung von Restorative Justice als Form der Konfliktlösung verfasst hat und in den 1970er Jahren maßgeblich an der Bewegung zu diesem Thema beteiligt war. Im Jahr 1990 veröffentlichte er "Changing lenses: a new focus on crime and justice", ein Werk mit großer internationaler Ausstrahlung11.Angesichts des großen weltweiten Interesses an Restorative Justice veröffentlichte die Organisation der Vereinten Nationen (UNO) durch ihren Wirtschafts- und Sozialrat (ECOSOC) einige Resolutionen, die für ihre Verbreitung von großer Bedeutung waren, da durch sie Programme zur Einführung von Restorative Justice durch die UN-Mitgliedstaaten geschaffen wurden. Die erste Resolution war die Resolution 1999/26 vom 28. Juli 1999 mit dem Titel "Development and Implementation of Mediation and Restorative Justice Measures in Criminal Justice". Darin bat der genannte Rat die Kommission für Verbrechensverhütung und Strafrechtspflege, Standards der Vereinten Nationen für die Anwendung von Mediation und Restorative Justice zu bilden. Am 27. Juli 2000 wurde die Resolution 2000/14 unter dem Titel Basic Principles for the use of Restorative Programs in Criminal Matters (Grundprinzipien für den Einsatz von Programmen zur Wiedergutmachung in Strafsachen) veröffentlicht, in der die Mitgliedsstaaten, die zuständigen zwischenstaatlichen und nichtstaatlichen Organisationen sowie die Institute des Programmnetzwerks der Vereinten Nationen zur Verbrechensverhütung und Strafrechtspflege aufgefordert wurden, eine Reihe gemeinsamer Prinzipien für den Einsatz von Programmen zur Wiedergutmachung in Strafsachen zu formulieren, unter Berücksichtigung der internationalen Verpflichtungen in Bezug auf die Opfer, der Erklärung

---

juridico.com.br/site/index.php?n_link=revista_artigos_leitura&artigo_id=6689 >. Acesso em: 1 Dez. 2015.
[10]ZEHR, Howard. *Changing lenses*: ein neuer Fokus auf Kriminalität und Justiz. São Paulo: Palas Athena, 2008. Originaltitel: Chanping lenses: a new focus for crime and justice Übersetzung von Tônia Van Acker.
[11]————. *Justiça restaurativa*: teoria e prática. São Paulo: Palas Athena, 2012. Originaltitel: The Little Book os Restorative Justice. Übersetzung: Tônia Van Acker.

zu den Grundprinzipien der Justiz für Opfer von Straftaten und Machtmissbrauch sowie weitere Diskussionen über Restorative Justice12.Daneben wurde am 24. Juli 2002 die UN-Resolution 2002/12 mit dem Titel "Basic principles for the use of restorative justice programs in criminal matters" veröffentlicht, die aktuell auf der Seite des Projekts Justice for the 21st Century zu finden ist. Dieser Text befasst sich mit den Grundprinzipien, die die Anwendung von Restorative Justice leiten sollten, mit der Definition der Teile, aus denen sich ein restaurativer Prozess zusammensetzt, mit der Funktionsweise und dem Einsatz von restaurativen Programmen und der kontinuierlichen Entwicklung von Restorative Justice-Programmen und empfiehlt sogar die Annahme von Restorative Justice durch alle UN-Mitgliedsländer. In der Präambel sind die Grundgedanken von Restorative Justice formuliert, wie der Respekt vor dem Opfer und dem Täter, die Möglichkeit für jeden, sich in einem friedlichen Dialog zu äußern, die Rechenschaftspflicht des Täters, die Wiedergutmachung des Schadens des Opfers und die Verbesserung der Gesellschaft als Ganzes13.Die Zahl der Initiativen für "Restorative Justice" hat weltweit deutlich zugenommen. in der Erkenntnis, dass solche Initiativen oft von traditionellen und indigenen Formen der Justiz inspiriert sind, die Verbrechen grundsätzlich als Schädigung von Menschen betrachten, in der Betonung, dass sich wiedergutmachende Justiz als eine Antwort auf Verbrechen entwickelt, die die Würde und Gleichheit von Personen respektiert, Verständnis aufbaut und soziale Harmonie durch die Wiederherstellung von Opfern, Tätern und Gemeinschaften fördert, mit dem Schwerpunkt auf der Tatsache, dass dieser Ansatz es von Verbrechen betroffenen Personen ermöglicht, ihre Gefühle und Erfahrungen sowie ihre Wünsche darüber, wie ihre Bedürfnisse angegangen werden sollen, offen mitzuteilen, in der Erkenntnis, dass dieser Ansatz den Opfern die Möglichkeit bietet, Wiedergutmachung zu erlangen, sich in ihrem Leben sicherer und geborgener zu fühlen und etwas in ihrem Leben zu verändern, Die Erkenntnis, dass dieser Ansatz den Opfern die Möglichkeit bietet, Wiedergutmachung zu erlangen, sich sicherer zu fühlen und das Problem zu überwinden, ermöglicht es den Tätern, die Ursachen und Konsequenzen ihres Verhaltens zu verstehen und effektiv Verantwortung zu übernehmen, und ermöglicht es der Gemeinschaft, die zugrunde liegenden Ursachen der Kriminalität zu verstehen, um das Wohlbefinden der Gemeinschaft und die Kriminalitätsprävention zu fördern.14Basierend auf der Veröffentlichung der Resolution 2002/12 förderte Brasilien das I. Brasilianische Symposium über Restorative Justice, das 2005 in der Stadt Araçatuba im Bundesstaat São Paulo stattfand. In diesem Rahmen wurde die Araçatuba-Charta verfasst, die sich mit den Prinzipien der Restorative Justice und Fragen ihrer Umsetzung auf nationalem Boden befasst. Im Juli 2005 fand die Internationale Konferenz über den Zugang zum Recht

12VEREINIGTENATIONENWIRTSCHAFTS- UNDSOZIALRAT (ECOSOC).Resolution 2002/12 von 24.Juli2002. Verfügbar unter: < http://www.justica21.org.br/j21.php?id=366&pg=0#.Vl4cN9KrTlU>. Zugriff am: 1. Dez. 2015. 13Idem. 14Idem.

to Justice through Alternative Means of Conflict Resolution, in der Stadt Brasília, Bundesdistrikt, als die Charta von Brasília verfasst wurde, die bereits Restorative Justice aus der Perspektive des brasilianischen Systems thematisierte. Im Jahr 2006 fand in der Stadt Recife im Bundesstaat Pernambuco das II. brasilianische Symposium über Restorative Justice statt, auf dem die Recife-Charta verfasst wurde, die den Inhalt der vorangegangenen Briefe bestätigte und Restorative Justice als alternative Form der Konfliktlösung in Brasilien zu konsolidieren suchte. Schließlich wurden 2015 acht nationale Ziele für 2016 und neun spezifische Ziele in der abschließenden Plenarsitzung des 9. nationalen Treffens der Justiz verabschiedet. Davon ist das achte nationale Ziel der Justiz, bis Ende 2016 Restorative-Justice-Praktiken in Brasilien einzuführen, d.h. ein Projekt mit einem geschulten Team zur Durchführung und Lehre von Restorative-Justice-Praktiken zu implementieren15.

Es ist anzumerken, dass Restorative Justice in Brasilien im Jahr 2005 durch eine Initiative des Justizministeriums und des Entwicklungsprogramms der Vereinten Nationen (UNDP) eingeführt wurde, das drei Projekte zu diesem Thema in den Städten Porto Alegre, São Caetano do Sul und Brasília förderte. Auch durch das in der Stadt Porto Alegre, der Hauptstadt des Bundesstaates Rio Grande do Sul, geschaffene Programm wurde 2007 das Projekt "Gerechtigkeit für das 21. Jahrhundert" initiiert, das sich von den anderen Programmen zu diesem Thema in Brasilien abhebt16.

Diese schnelle Verbreitung von Restorative Justice in Brasilien ist auf die Notwendigkeit zurückzuführen, dass die gegenwärtige brasilianische Gesellschaft alternative und ergänzende Mittel zur Konfliktlösung und -prävention finden muss, da die Justiz mit einer Krise konfrontiert ist, die mit dem Nachfrageüberhang zusammenhängt, der aufgrund der Langsamkeit im Abschluss und in der Erfüllung von gerichtlichen Forderungen und in der Effektivität bei der Lösung und Prävention von Konflikten, ihre Glaubwürdigkeit vor der Gesellschaft verliert. Da zudem die Verfahrenskosten hoch sind, ist der Zugang zur traditionellen Justiz auf bestimmte Gesellschaftsschichten beschränkt, die es sich leisten können. Darüber hinaus wird die Effektivität des brasilianischen Gefängnissystems als Instrument zur Resozialisierung von Insassen im kriminellen Bereich stark in Frage gestellt, da es

---

15NATIONALER RAT DER JUSTIZ. Die Gerichte genehmigen acht nationale Ziele für 2016 und neun spezifische Ziele. Verfügbar unter: < http://www.cnj.jus.br/noticias/cnj/81039-tribunais-aprovam-oito-metas- nacional-para-2016-and-nine-especificas>. Zugriff am: 9 Dez. d 2015.
16PROJEKT-JUSTIZ FÜR DAS 21. JAHRHUNDERT: EINFÜHRUNG VON WIEDERHERSTELLUNGSPRAKTIKEN. Verschiedene Länder und Kulturen, die gleiche soziale Unruhe. Rio Grande do Sul. Erhältlich bei: < http://www.justica21.org.br/j21.php?id=82&pg=0#.VI4V79KrTIU>. Zugriff am: 1. Dez. 2015.

Gefängnisse unter unmenschlichen Bedingungen, wie das Zentralgefängnis von Porto Alegre, das einen Affront gegen die Menschenrechte darstellt. Inmitten dieser Situation haben alternative Verfahren wie Restorative Justice an Raum gewonnen, und sogar das Sekretariat für Justizreform des Justizministeriums hat in Zusammenarbeit mit dem Entwicklungsprogramm der Vereinten Nationen Projekte in diesem Bereich gefördert, weil sie nicht nur eine mögliche Lösung für diese sozialen Missstände bieten, sondern auch darauf abzielen, den von der Gesellschaft als Ganzes erlittenen Schaden zu reparieren17.

Die Annäherung an Restorative Justice in Brasilien ist neu, wenn man bedenkt, dass in der Welt diese Bewegung seit fast drei Jahrzehnten diskutiert wird, war das Jahr 2004 die erste bekannte schriftliche Manifestation in Brasilien zu diesem Thema, die den Titel "Restorative Justice: a path to human rights" trägt und vom Access to Justice Institute18 veröffentlicht wurde. Darüber hinaus haben die Projekte, die in Brasilien in Kraft sind, in kurzer Zeit vielversprechende Ergebnisse gezeigt, wie z.B. die Projekte in Porto Alegre in Rio Grande do Sul, Núcleo Bandeirante im Bundesdistrikt und in São Caetano do Sul in São Paulo. Obwohl alle diese Projekte darauf abzielen, Restorative Justice anzuwenden, weist jedes von ihnen einige Besonderheiten auf. Dasjenige in São Caetano do Sul arbeitet im schulischen Umfeld mit Kindern und Jugendlichen, dasjenige in Porto Alegre bezieht die gleiche Öffentlichkeit mit ein, aber vor allem Kinder und Jugendliche, die sozialpädagogischen Maßnahmen dienen, und im Bundesdistrikt ist die Gemeinde als Ganzes Gegenstand des Programms, das mit dem Bundesbezirksgericht (TJDFT) [19] verbunden ist.

Durch diese drei Projekte werden Fragen in Bezug auf die Anwendbarkeit und Angemessenheit von Restorative Justice auf nationalem Territorium beobachtet, um diese Anwendung zu verbessern und sie an die brasilianische soziale Realität anzupassen. Da Restorative Justice in Brasilien nicht entstanden ist, wurden seine Konzepte aus Erfahrungen und Beobachtungen skizziert, neben der Realisierung einer Gesetzesstudie

---

[17]PINHO, Rafael Gonçalves. *Restorative Justice:* ein neues Konzept. Elektronische Zeitschrift für Verfahrensrecht - REDP. Band III Periodikum der Stricto Sensu Post-Graduierung in Verfahrensrecht von UERJ. Verfügbar unter: < http://www.arcos.org.br/periodicos/revista-eletronica-de-direito processual/volume-iii/justica-restaurativa-um-novo-concept>. Zugriff am 01. Dez. 2015.
[18]PALLAMOLLA, Raffaella da Porciuncula. *Wiederherstellende Gerechtigkeit:* von der Theorie zur Praxis. São Paulo: IBCCRIM, 2009. S. 176.
[19]BARBOSA, Laryssa Vicente Kretchetoff ;DURAN, Lais Baptista Toledo. *Ein neues Konzept der Gerechtigkeit:* Restorative Justice. Artikel erschienen in der Online-Zeitschrift Web Artigos, am 08. April 2015 in der Kategorie Recht. Verfügbar unter: < http://www.webartigos.com/artigos/um-novo-conceito-de- justica-a-justica-restaurativa/131027/>. Zugriff am: 2. Dez. 2015.

verglichen. Außerdem hat es, als es Teil des brasilianischen Rechtssystems wurde, nicht die ausländischen Modelle des *Common Law* Systems verwendet, d.h. es hat nicht einfach die ausländischen Modelle kopiert20.

Gegenwärtig wird die Kompatibilität von Restorative Justice mit dem brasilianischen Rechtssystem in Frage gestellt, da es von der retributiven Justiz geprägt ist und mehrere Gesetzesänderungen für die Anwendung von Restorative Justice in umfassender Weise fehlen21. So wurden im Jahr 2012 die grundlegenden Werte und Konzepte der Restorative Justice in das brasilianische Rechtssystem eingefügt, und zwar durch das Gesetz 12.594 vom 18. Januar 2012, das das Nationale System der sozialpädagogischen Betreuung (Sinase) regelt und vorsieht, dass Jugendliche der wohltätigen Anwendung des restaurativen Verfahrens unterworfen werden können22-. Dieses Gesetz sieht in Artikel 35, Absatz III vor, dass bei der Durchführung der sozialpädagogischen Maßnahmen das Prinzip der vorrangigen Anwendung von Praktiken oder Maßnahmen gilt, die wiederherstellend sind und je nach Möglichkeit die Bedürfnisse der Opfer berücksichtigen, neben anderen Prinzipien.

Für die Durchführung von Sozial- und Erziehungsmaßnahmen gelten die folgenden Grundsätze:
I   - Rechtmäßigkeit, und Jugendliche können nicht härter behandelt werden als Erwachsene;
II   - Außergewöhnlichkeit des gerichtlichen Eingreifens und der Verhängung von Maßnahmen, die Mittel der Selbstbeilegung von Konflikten begünstigen;
III   - Vorrang für Praktiken oder Maßnahmen, die wiederherstellend sind und, wenn möglich, auf die Bedürfnisse der Opfer eingehen [23]

Darüber hinaus stößt die Einführung von Restorative Justice in das brasilianische Rechtssystem auf Hindernisse in den geltenden Verfahrensgrundsätzen, die versuchen, die Rolle von Dritten zugunsten der gerichtlichen Aktivität zu verringern, im Gegensatz zu der von Restorative Justice angewandten, die versucht, sowohl das Opfer als auch den Täter und die Gemeinschaft in die Lösung des Konflikts einzubeziehen und die Bedeutung von

---

[20]BARBOSA, Laryssa Vicente Kretchetoff ;DURAN, Lais Baptista Toledo. *Ein neues Konzept der Gerechtigkeit:* Restorative Justice. Artikel erschienen in der Online-Zeitschrift Web Artigos, am 08. April 2015 in der Kategorie Recht. Verfügbar unter: < http://www.webartigos.com/artigos/um-novo-conceito-de- justica-a-justica-restaurativa/131027/>. Zugriff am: 2. Dez. 2015.
[21]PALLAMOLLA , Raffaella da Porciuncula. *Restorative Justice*: von der Theorie zur Praxis. São Paulo: IBCCRIM, 2009.
[22]ZEHR, Howard. *Restorative Justice:* Theorie und Praxis. São Paulo: Palas Athena, 2012. Originaltitel: The Little Book os Restorative Justice. Übersetzung: Tônia Van Acker.
[23] BRASILIEN. Gesetz 12.594 vom 18. Januar 2012. Saraiva, 2015.

Teilnahme von allen24. In der aktuellen brasilianischen Bundesverfassung von 1988 sowie im Statut des Kindes und Jugendlichen (ECA) und im Gesetz 9.099/1995 finden sich jedoch die Verfahren und Werte der Restorative Justice. Als Beispiel sei die Bestimmung des Artikels 126, *caput* und einziger Absatz des ECA genannt, die sich mit der Erlassfigur befasst, die einige der wesentlichen Elemente der Restorative Justice anwendet, einschließlich der freiwilligen Beteiligung der Parteien an der Konfliktlösung, die Vorteile für die Teilnehmer des Verfahrens und für die Gesellschaft als Ganzes generiert25.

Remission

Art. 126. Vor Einleitung des gerichtlichen Ermittlungsverfahrens wegen einer Straftat kann der Vertreter der Staatsanwaltschaft unter Berücksichtigung der Umstände und Folgen der Tat, des sozialen Umfelds sowie der Persönlichkeit des Jugendlichen und seiner mehr oder weniger großen Beteiligung an der Straftat einen Erlass als Ausschluss vom Verfahren gewähren.

Einziger Absatz. Sobald das Verfahren eingeleitet ist, führt die Gewährung eines Erlasses durch die Justizbehörde zur Aussetzung oder zum Erlöschen des Verfahrens26.

Darüber hinaus brachte die Bundesverfassung von 1988, auch bekannt als die Bürgerverfassung, da sie als Hauptmerkmal eine große Sorge um den Schutz der Menschenrechte darstellt, neben anderen Vorteilen für die Brasilianer die Möglichkeit von Schlichtungs- und Transaktionsprozessen in Fällen von Straftaten mit weniger offensivem Potential, gemäß ihrem Artikel 98, Punkt I, diese Verfahren wurden durch das Gesetz 9 099/1995, bekannt als das Gesetz der besonderen Zivil- und Strafgerichte, geregelt. Es stellt einen Meilenstein in der Anwendung der Restorative Justice im brasilianischen Strafrecht dar, wo die Institute des zivilen Vergleichs, in seinem Artikel 74, der Transaktion, vorgesehen in seinem Artikel 76 und der bedingten Aussetzung des Prozesses, gemäß seinem Artikel 89, zu finden sind. Es wird auch verstanden, dass durch die Anwendung dieser neuen Form der Justiz im Strafrecht durch das Gesetz der speziellen Zivil- und Strafgerichte es möglich ist, die Verzögerung der juristischen Leistungen zu reduzieren. Somit stellt dieses Gesetz einen Fortschritt in der

---

24CRUZ, Rafaela Alban. *Restorative Justice:* ein neues Modell der Strafjustiz. Artikel veröffentlicht in der offiziellen Online-Rechtszeitschrift von IBCCRIM Tribuna Virtual. Erhältlich bei:
<http://www.tribunavirtualibccrim.org.br/artigo/11-Justica-Restaurativa:-um-novo-modelo-de-Justica- Criminal> . Zugriff am: 09. Dez. 2015.
25CRUZ, Rafaela Alban. *Restorative Justice:* ein neues Modell der Strafjustiz. Artikel veröffentlicht in der offiziellen Online-Rechtszeitschrift von IBCCRIM Tribuna Virtual. Erhältlich bei:
<http://www.tribunavirtualibccrim.org.br/artigo/11-Justica-Restaurativa:-um-novo-modelo-de-Justica- Criminal> . Zugriff am 09. Dez. 2015.
26BRASIL. Gesetz n. 8.069, vom 13. Juli 1990. Estatuto da Criança e do Adolescente.Saraiva, 2015.

Bereich der Anwendung von alternativen Strafen und der Verhinderung neuer Konflikte in Brasilien27. Neemias Prudente stellt jedoch klar, dass es im brasilianischen Rechtssystem keine Norm gibt, die die Restorative Justice ausdrücklich abdeckt, aber normative Räume, in denen es möglich ist, ihre Anwendung einzufügen, wie die genannten28.

Neben der Anwendung der oben erwähnten Gesetze hat sich Restorative Justice in Brasilien auch auf andere Weise verbreitet, wie z.b. die Entschlossenheit, die Anwendung von Restorative Justice im strafrechtlichen Bereich zu fördern, im Staatspakt I und II für eine schnellere und republikanische Justiz, mit dem Ziel, eine größere Schnelligkeit und Effizienz in der Leistung des Justizsystems zu erreichen, das Schwierigkeiten hat, eine Antwort auf die große Nachfrage zu bieten. Auch in Brasilien wurde eine Untersuchung durchgeführt, um die Anwendung von Restorative Justice in diesem Land zu überprüfen. Sie trägt den Titel "Access to Justice through Alternative Systems of Conflict Administration" und wurde 2005 veröffentlicht. Nach dieser Untersuchung hatte die Anwendung in den südöstlichen und nordöstlichen Regionen des Landes größeren Erfolg, insbesondere bei Konflikten, die aus familiären Beziehungen entstanden29. In der gleichen Untersuchung wurde festgestellt, dass die brasilianische Unterschicht diejenige ist, die am meisten von Restorative Justice-Programmen Gebrauch macht und davon profitiert, da der Gerichtsprozess Kosten verursacht, die sich diese Menschen nicht leisten können, und der Service der Pflichtverteidiger nicht in der Lage ist, all diejenigen zu bedienen, die nicht über ein ausreichendes Einkommen verfügen, um dies zu tun. Unter diesem Gesichtspunkt stellen wir fest, dass Restorative Justice den Zugang zur Justiz im Allgemeinen gewährleistet, wovon insbesondere die einkommensschwache Bevölkerung profitiert30.

Dennoch hat der Nationale Justizrat am 31. Mai 2016 die Resolution 225 verabschiedet und veröffentlicht, die sich mit der Nationalen Politik der Wiedergutmachungsjustiz im Bereich der Justiz befasst. Diese Resolution brachte eine Regelung über das Konzept der Restorative Justice, den Restorative Facilitator, zusätzlich zur Definition, wie

---

[27]CRUZ, Rafaela Alban. *Restorative Justice:* ein neues Modell der Strafjustiz. Artikel veröffentlicht in der offiziellen Online-Rechtszeitschrift des BCCRIM Tribuna Virtual. Erhältlich bei:
<http://www.tribunavirtualibccrim.org.br/artigo/11-Justica-Restaurativa:-um-novo-modelo-de-Justica- Criminal> . Zugriff am: 9. Dez. 2015.
[28]PRUDENTE, Neemias Moretti. *Restorative Justice und brasilianische Erfahrungen.* In: SPENGLER, Fabiana Marion; LUCAS, Doglas Cesar (Org.). Restorative Justice und Mediation: Öffentliche Maßnahmen bei der Behandlung sozialer Konflikte. Ijuí: Editora Ijuí, 2011.
[29]MINISTÉRIODA JUSTIÇA DO BRASIL. Acesso à Justiça por Sistemas Alternativos de Solução de Conflitos:Mapeamento Nacional de Programas Públicos e não Governamentais. Brasilien, 2005. Seiten 05 und 42. Verfügbar am: 9 Dez. 2015
[30]Idem .

dieses wiederherstellende Werkzeug innerhalb der Justiz funktionieren wird. In seinem Kapitel VI, das sich mit dem Aufbau von Kapazitäten und der Ausbildung in Restorative Justice befasst, kann man in den Artikeln 16 und 17 den großen Anreiz für die Lehre dieser Praktiken in Brasilien feststellen. Die Resolution legt auch fest, dass es in der Verantwortung der Gerichte liegt, dieses Lernen zu fördern, indem sie Ausbildungskurse, Training und Verbesserung von Moderatoren in Restorative Justice anbieten, einschließlich der Möglichkeit, diese Tätigkeit durch Partnerschaften durchzuführen. Daher ist die Situation bezüglich Restorative Justice in Brasilien vielversprechend31.

Art. 16 Es wird den Gerichten obliegen, durch die Justiz- und Magistratsschulen Ausbildungskurse, die Ausbildung und Verbesserung von Vermittlern in Restorative Justice zu fördern, wobei sie dies durch Partnerschaften tun können.
§1º. Der grundlegende pädagogische Plan der Kapazitätsaufbau-, Ausbildungs- und Verbesserungskurse für Vermittler von Restorative Justice soll in Partnerschaft mit der in Art. 5 der vorliegenden Entschließung dargestellten Einrichtung strukturiert werden.
§2º. Die gemäß Kapitel VII der vorliegenden Entschließung gewonnenen Daten werden für den grundlegenden pädagogischen Plan der Befähigungs-, Ausbildungs- und Verbesserungskurse für "Restorative Justice"-Moderatoren berücksichtigt.
§3º. Die Trainer des Kurses, auf den im Caput dieses Artikels Bezug genommen wird, müssen nachweislich Erfahrung in der Ausbildung im Bereich Restorative Justice haben, sowie Zertifikate über die Durchführung von restaurativen Verfahren und Leistungen in Projekten im Zusammenhang mit Restorative Justice.
Art. 17 Die Ausbildungs-, Fortbildungs- und Verbesserungskurse für Moderatoren müssen einen programmatischen Inhalt mit einer Anzahl von simulierten Übungen und einem minimalen Arbeitspensum einhalten, wie es vom Vorstand der Restorative Justice beschlossen wurde, und sie müssen weiterhin ein überwachtes Praktikum beinhalten, wie es von den Justiz- und Magistratsschulen festgelegt wurde.
Einzigartiger Absatz. Die Ausbildung von nicht-technischen, freiwilligen Vermittlern aus den Gemeinden wird zugelassen, einschließlich derer, die von den Partnerinstitutionen angegeben werden, um eine größere soziale Beteiligung am restaurativen Verfahren zu ermöglichen und es als einen Mechanismus des Zugangs zur Justiz zu betonen32.

Daher hat Restorative Justice seit seiner Entstehung in den 1970er Jahren bis heute seine Ideale und Vorteile auf der ganzen Welt verbreitet und war in mehreren Ländern wie Brasilien erfolgreich, mit Schwerpunkt auf dem Bundesstaat Rio Grande do Sul mit dem Projekt Justice for the 21st Century, wo es mit mehr Kraft im Land auftauchte und in verschiedenen Bereichen wie z.B. dem strafrechtlichen und erzieherischen angewendet wurde.

31NATIONALER RAT DER JUSTIZ. Beschluss Nº 225 vom 31/05/2016. Verfügbar unter: < http://www.cnj.jus.br/busca-atos-adm?documento=3127>. Zugriff am: 7. Juni 2016.
32Idem.

1.2 Kurze kritische Analyse des aktuellen Kontextes von Restorative Justice im Bundesstaat Rio Grande do Sul, mit Schwerpunkt auf der zentralen Region des Bundesstaates

Wie zuvor beschrieben, wurde die Anwendung von Restorative Justice auf dem brasilianischen Territorium im Bundesstaat Rio Grande do Sul hervorgehoben, da in diesem Bundesstaat ein größeres Interesse daran bestand, restaurative Verfahren zu verstehen und zu übernehmen, die derzeit unzählige Vorteile für die brasilianische Gesellschaft bringen, wie z.B. den Aufbau einer Kultur des Friedens und die effektive Lösung und Prävention von Konflikten. Restorative Justice wird in Brasilien seit 10 Jahren diskutiert und angewendet. Im Jahr 2002 fand die erste Erfahrung mit der Anwendung restaurativer Verfahren in Rio Grande do Sul statt, am 3. Gericht des Regionalgerichts für Kinder und Jugendliche von Porto Alegre. In den Konflikt waren zwei Jugendliche, eine 50-jährige Dame, ihre Tochter und ihr 8 Monate alter Enkel verwickelt, als die Jugendlichen das Verbrechen des Raubes an der Dame und ihrer Tochter begingen. Die Anwendung von Restorative Justice in diesem Fall war ein Erfolg, und dieser Erfolg führte dazu, dass sie im sozialen und rechtlichen Kontext von Rio Grande do Sul[33] Raum gewann.

Obwohl Restorative Justice als Instrument zur Konfliktprävention und -lösung erst seit 2002 angewandt wird, wurden bereits 1999 von Professor Pedro Scuro Neto in Rio Grande do Sul Forschungen über seine Funktionsweise, Werte und Prinzipien durchgeführt. Diese neue Form der Justiz wurde mit der Gründung des Sekretariats für die Justizreform, einem Organ des Justizministeriums, konsolidiert, das in Zusammenarbeit mit dem Entwicklungsprogramm der Vereinten Nationen (PNUD) das Programm zur Modernisierung des Justizsystems ins Leben rief, das die Anwendung der "Restorative Justice" in Brasilien zum Ziel hat und darauf abzielt, den Bürgern einen besseren Zugang zur Justiz und eine größere Schnelligkeit der Verfahren zu ermöglichen[34]. Aus dieser Partnerschaft entstand das Pilotprojekt zur Erforschung und Anwendung von Restorative Justice in der Stadt Porto Alegre, genannt Justice for the 21st Century, mit anfänglichem Schwerpunkt auf der Anwendung

[33]EHR, Howard. *Restorative Justice*: Theorie und Praxis. São Paulo: Palas Athena, 2012. Originaltitel: The Little Book os Restorative Justice. Übersetzung: Tônia Van Acker.
[34]LARA, Caio Augusto Souza; ORSINI ,Adriana Goulart de Sena. *Zehn Jahre restorative Praktiken in Brasilien*: die Bestätigung der restorativen Justiz als öffentliche Politik der Konfliktlösung und des Zugangs zur Justiz. Revista Jurídica Responsabilidades. Verfügbar unter: < http://www8.tjmg.jus.br/presidencia/programanovosrumos/pai_pj/revista/edicao_02_02/08_Responsab ilitiesV2N2_Antena01.pdf>. Zugriff am: 10. Dez. 2015.

von Restorative Justice in Fällen im Zusammenhang mit dem Jugendstrafsystem. Dieses Projekt hat derzeit als Hauptziel die Verbreitung und Anwendung von Restorative Justice Praktiken bei der Lösung von Konflikten in verschiedenen Räumen, wie Schulen, Nichtregierungsorganisationen (NGOs), Gemeinden und in der Jugendjustiz, als ein Weg, um die Kultur des Friedens zu propagieren und aufzubauen, neben der Auseinandersetzung mit Gewalt. Dieses Projekt wurde von der Vereinigung der Richter von Rio Grande do Sul (AJURIS)[35] artikuliert, die u.a. die Ausbildung und berufliche Verbesserung von Richtern fördern will. Um dieses Ziel zu erreichen, beteiligt sich AJURIS an Debatten zu Themen von nationaler Relevanz, wie zum Beispiel Restorative Justice. Auch in diesem Jahr beteiligte sich die Einrichtung aktiv am Aufbau der Veranstaltung "Restorative Justice Week in Rio Grande do Sul", **die** zum Gedenken an 10 Jahre Restorative Justice in Brasilien und in Rio Grande do Sul36 stattfand.

Die Feier wurde durch die Veranstaltung in der Stadt Porto Alegre geprägt, bei der der Professor und Schriftsteller Howard Zehr einen Vortrag über Restorative Justice hielt und sein Werk "Changing Lenses: a New Focus on Crime and Justice" als Leitfaden für die Umsetzung von Restorative Justice in Brasilien37 diente. Professor Zehr sprach in seinem Vortrag über die Notwendigkeit der Anwendung von Restorative Justice, dem Verfahren des Linsenwechsels: "Wir müssen die legalistischen Linsen wechseln und restaurative Linsen einsetzen. Restorative Justice ist eine Erinnerung daran, warum wir zusammenleben wollen, um Beziehungen zu reparieren, die Schaden erlitten haben "[38]. 38 Darüber hinaus fand am 20. November 2015 eine Telefonkonferenz in Brasilien statt, bei der Professor Howard Zehr einen weiteren Vortrag hielt, der in 23 brasilianische Bundesstaaten übertragen wurde. Die Durchführung dieses Gedenkens ist neben anderen Veranstaltungen wesentlich für die Verbreitung, Propagierung und spätere Anwendung von

---

35PROJEKT-JUSTIZ FÜR DAS 21. JAHRHUNDERT: EINFÜHRUNG VON WIEDERHERSTELLUNGSPRAKTIKEN. Was es ist Wiederherstellende Gerechtigkeit? Rio Grande do Sul. Verfügbar unter : < http://www.justica21.org.br/j21.php?id=25&pg=0#.Vmoco9lrLIV>. Zugriff am: 1. Dez. 2015.
36VEREINIGUNG DER RICHTER VON RIO GRANDE DO SUL (AJURIS). Über AJURIS. Verfügbar unter unter:< http://www.ajuris.org.br/categorias/s1-institucional/c1-sobre-ajuris/>. Zugriff am: 1. Dez. 2015.
37PROJEKT GERECHTIGKEIT FÜR DAS 21. JAHRHUNDERT: EINFÜHRUNG VON WIEDERHERSTELLUNGSPRAKTIKEN. Feier zum 10-jährigen Bestehen von JR in Brasilien mit Howard Zher. Rio Grande do Sul. Verfügbar unter: < http://www.justica21.org.br/j21.php?id=585&pg=0#.Vmod99lrLIV>. Zugriff am: 1. Dez. 2015.
38ZEHR, Howard apud ABTEILUNG FÜR KOMMUNIKATION UND AJURIS PRESS. RestorativeJustice:Aktionen derMagistraturagauchawerdenvon der größtenWeltautoritätfür diesebeleuchtet. Verfügbar unter:< http://www.ajuris.org.br/2015/11/24/justica- restaurativa-acoes-da-magistratura-gaucha-sao-ressaltadas-pela-ma maior-authoridade-mundial-na prática/>. Zugriff am: 10. Dez. 2015.

Wiederherstellende Gerechtigkeit, die, da sie ein neues Instrument zur Konfliktlösung ist, vielen noch unbekannt ist39.

Darüber hinaus sind die Ergebnisse von Restorative Justice und dem Projekt "Justice for the 21st Century" in Rio Grande do Sul vielversprechend. Restorative Justice wird auf eine autonomere Art und Weise aufgebaut, durch Veranstaltungen wie die oben erwähnte und Kurse, die von Unterstützern angeboten werden. Es verbreitet sich innerhalb des Staates durch die Betreuungsnetzwerke und durch individuelle und institutionelle Partnerschaften, wie die mit der Santa Maria Law School (FADISMA). Das Zentrum für Mediation und restaurative Praktiken (CEMPRE) mit Sitz in Santa Maria, dessen Hauptziel es ist, Gewalt durch restaurative Praktiken zu verhindern und zu reduzieren und eine Kultur des Friedens zu schaffen, sind ebenfalls wichtige Instrumente für den Aufbau der Autonomie der Restorative Justice. Darüber hinaus wird die Durchführung von Veranstaltungen vorgeschlagen, wie die im Jahr 2015, die von größter Bedeutung für die Konsolidierung der Restorative Justice in Santa Maria war, die 1. Ausgabe des Dragon Dreaming Planungs- und Management-Workshops, der sich mit den Fragen im Zusammenhang mit der Umsetzung der Restorative Justice befasste, durch das Projekt Justice for the 21st Century in Santa Maria40.

Im Gegensatz zur aktuellen Situation in Santa Maria stellt die genannte Lehreinrichtung ihren Studenten jedoch das Fach "Restorative Justice" als Wahlfach zur Verfügung41. Erheblicher Widerstand gegen die Annahme und Lehre von restaurativen Verfahren wird sowohl von der Gesellschaft im Allgemeinen festgestellt, weil sie in einen kulturellen Kontext der Gewalt eingefügt ist, in dem nur die traditionelle Justiz, bestehend aus einem Richter und zwei streitenden Parteien, eine Lösung für den Konflikt anbieten kann, als auch von den höheren Bildungseinrichtungen, die weder die Debatte über das Thema noch die Forschung über alternative Mittel der Konfliktlösung fördern. Eine kürzlich durchgeführte Ufrage mit dem

---

39DEPARTMENTO DE COMUNICAÇÃO E IMPRENSA DA AJURIS. Die Weltautoritätfür Restorative Justice nimmt andiesemFreitagan einerVideokonferenzteil. Verfügbar unter:< http://www.ajuris.org.br/2015/11/19/autoridade-mundial-em-justica-restaurativa-participa-de- videoconference-this-friday/>. Zugriff am: 10. Dez. 2015.
40FACULDADE DE DIREITODE SANTA MARIA. Central deNotícias . Erhältlich bei:
< http://www.fadisma.com.br/noticias/?busca=Justi%C3%A7a+Restaurativ>. Zugriff am: 10. Dez. 2015.
41———. Die Koordination des Studiengangs Recht legt die Stundenpläne für das nächste akademische Semester fest. Verfügbar unter: < http://www.fadisma.com.br/noticias/coordenacao-do-curso-de-direito-define-horarios- de-aula-para-o-proximo-semestre-letivo-1714/>. Zugriff am: 10. Dez. 2015.

Die Studie, die darauf abzielte zu analysieren, ob höhere Bildungseinrichtungen in Santa Maria die Lehre von Restorative Justice und anderen alternativen Methoden der Konfliktlösung, unter anderem innerhalb der Rechtskurse, fördern, fand heraus, dass es laut den Lehrplänen der analysierten Institutionen einen geringen oder manchmal keinen Anreiz über das Studium von Restorative Justice gibt42.

Aber auch angesichts dieser Daten, dem Beweis der Effizienz der wiederherstellenden Verfahren und dem Bedürfnis der Gesellschaft im Süden von Rio Grande do Sul, eine andere Methode der Konfliktlösung als die traditionelle Justiz zu finden, hat sich das Projekt Gerechtigkeit für das 21. Sogar Professor Howard Zehr erklärte in einem Vortrag bei der Veranstaltung zum 10-jährigen Bestehen von Restorative Justice in Brasilien, dass die in Rio Grande do Sul entwickelte Restorative-Justice-Arbeit die am meisten konsolidierte im Land ist. Professor Zehr fügte hinzu, dass die Welt viel von der in Brasilien geleisteten Arbeit lernen kann und dass die in Rio Grande do Sul angewandten Methoden sehr fortschrittlich sind43. Auf der gleichen Veranstaltung sagte er auch: "Sie tun sehr wichtige Dinge. Ich kann nirgendwo sonst in Brasilien sehen, was wir hier gesehen haben. Es gibt viele Modelle, mit vielen Stufen und dem Engagement vieler Sektoren. Ich hoffe, Sie finden Wege, diese Erfahrungen zu teilen44.

In nur drei Jahren des Projekts "Gerechtigkeit für das 21. Jahrhundert" hat es vielversprechende Ergebnisse bei der Anwendung restaurativer Praktiken in Rio Grande do Sul erzielt: "In den drei Jahren des Projekts (2005-2008) nahmen 2.583 Personen an 380 restaurativen Verfahren teil, die im Jugendgericht durchgeführt wurden.

42BREDOW, Suleima; PRETTO, Deise dos Santos. Der restaurative Zirkel in der Hochschulausbildung - sind die Plätze besetzt? Verfügbar unter: < http://www.unifra.br/eventos/sepe2012/Trabalhos/7010.pdf > Zugriff am: 10. Dez. 2015.
43 AJURIS PRESSE- UND KOMMUNIKATIONSABTEILUNG. RestorativeJustice:Aktionen der Magistraturvon Rio Grande do Sulwerdenvon der weltweitgrößtenAutoritätfür diesePraxisbeleuchtet. Verfügbar unter:< http://www.ajuris.org.br/2015/11/24/justica-restaurativa-acoes-da-magistratura-gaucha-sao- ressaltadas-pela-ma maior-authoridade-mundial-na-pratica/>. Zugriff am: 10. Dez. 2015.
44ZEHR,Howard apud DEPARTMENT OF COMMUNICATION AND AJURIS PRESS. RestorativeJustice:Aktionen derMagistraturagauchawerdenvon der größtenWeltautoritätfür diesebeleuchtet. Verfügbar unter:< http://www.ajuris.org.br/2015/11/24/justica- restaurativa-acoes-da-magistratura-gaucha-sao-ressaltadas-pela-ma maior-authoridade-mundial-na prática/>. Zugriff am: 10. Dez. 2015.

Weitere 5.906 nahmen an den durch das Projekt geförderten Schulungsmaßnahmen teil." Neben dem Gericht wenden auch andere institutionelle Räume wie die Einheiten für Freiheitsentzug der Stiftung für sozialpädagogische Betreuung von Rio Grande do Sul, Einheiten für sozialpädagogische Maßnahmen der offenen Umgebung, Heime, Schulen und NGOs diese Praktiken bereits bei der Bewältigung interner Konflikte an und vermeiden so deren Verrechtlichung45. Das Hauptziel des Projekts ist es, im Netzwerk der Hilfe für Jugendliche und Kinder, die Übertretungen begehen, zu agieren. Aufgrund der Ausweitung der Anwendung und der positiven Ergebnisse, die in anderen Bereichen als diesem erzielt wurden, wurden Partnerschaften initiiert, wie die bereits erwähnten, um den Anwendungsbereich dieses Projekts in den Bereichen Sicherheit, Hilfe, Bildung und Gesundheit zu erweitern46.Das Projekt produzierte auch zwei Handbücher, basierend auf den Arbeiten von *Howard Zehr*, durch das Restorative Practices Centre des 3. Gerichts des Regionalgerichts für Kindheit und Jugend von Porto Alegre (CPR/JIJ), mit dem Ziel, Trainingsaktivitäten und die Implementierung von Restorative Justice in Rio Grande do sul zu leiten und zu fördern. Eines davon ist das Handbuch der restaurativen Praktiken, das eine Einführung in die restaurative Justiz bietet, indem es eine didaktische Erklärung des Konzepts, der Prinzipien und der Werte vornimmt und darüber hinaus klärt, wie die restaurativen Praktiken angewendet werden können, indem es die notwendigen Anhänge für eine solche Anwendung enthält47. Die andere Broschüre trug den Titel Initiation in Restorative Justice: Bildung von Führungspersönlichkeiten für die Transformation von Konflikten, in der Gerechtigkeit als soziale Funktion und als Wert erklärt wird und die bestehenden Beziehungen zwischen Restorative Justice und der Schaffung einer Kultur des Friedens hervorgehoben werden, wobei eine vergleichende Studie in Bezug auf die Kultur der Rache, die mit der traditionellen Justiz verbunden ist, neben anderen Erklärungen gemacht wird. Das Arbeitsbuch wurde als unterstützendes Material in einem Führungskurs für Fachleute des Justizsystems und der Netzwerke der Kinder- und Jugendbetreuung verwendet, der regelmäßig von der AJURIS Superior School of Magistracy angeboten wird,

---

45PROJEKT GERECHTIGKEIT FÜR DAS 21. JAHRHUNDERT: EINFÜHRUNG VON WIEDERHERSTELLUNGSPRAKTIKEN. Justiz
Para o Século 21.RioGrande do Sul.   Erhältlich bei: < http://www.justica21.org.br/j21.php?id=101&pg=0#.VmJDgdIrLlU>. Zugriff am: 1. Dez. 2015.
46Idem
47BRANCHER, Leoberto. Gerechtigkeit für das 21. Jahrhundert: Die Einführung restaurativer Praktiken. Manual de Práticas Restaurativas / [Projekt] Justiça para o Século 21: Instituindo Práticas Restaurativas. Porto Alegre, RS, 2008.

als auch als Grundlage für die Lektüre und Reflexion in mehreren Arbeitsgruppen, da dieses Arbeitsbuch recht didaktisch ist48.

Darüber hinaus wurden laut dem Vorwort des Buches Restorative Justice: theory and practice von Howard Zehr mehrere Personen ausgebildet, um als Moderatoren für restorative Praktiken zu fungieren. Die Endergebnisse sind recht optimistisch, wie der im Buch erwähnte Bericht des Projekts "Gerechtigkeit für das 21. Jahrhundert" zeigt: Zwischen 2005 und 2011 nahmen 11.793 Menschen an Sensibilisierungs- und Schulungsmaßnahmen teil, die direkt von Justice 21 gefördert wurden. Davon nahmen 1.059 an dem von der Superior School of Magistracy geförderten Restorative Justice Leadership Training Course und 908 an unserem Restorative Circles Coordinators Training Course teil. Ein von der Fakultät für Sozialdienst der PUCRS durchgeführtes Monitoring hat 380 Fälle verfolgt, die zwischen 2005 und 2007 vor Gericht verhandelt wurden. Durch Befragung der Teilnehmer wurde festgestellt, dass 95 % der Opfer und 90 % der Täter mit ihrer Erfahrung im Kontakt mit der Justiz nach der Teilnahme an restaurativen Verfahren zufrieden waren (die internationalen Indizes für die Zufriedenheit im Kontakt mit der Strafjustiz liegen bei lediglich 12 bis 15 % positiv).) Etwa 90 % der Vereinbarungen wurden als erfüllt beurteilt. Die Rückfälligkeit unter den teilnehmenden Straftätern sank um 23 % im Vergleich zu denen, die an keinem Restorative Meeting teilgenommen hatten49.

So genehmigte die Bundesregierung aufgrund der positiven Ergebnisse der in Brasilien eingerichteten Restorative-Justice-Projekte, insbesondere des erwähnten Projekts "Gerechtigkeit für das 21. Jahrhundert", durch das Dekret Nr. 7.037 vom 21.12.2009 das Dritte Nationale Menschenrechtsprogramm, das als eines seiner Ziele die Förderung der drei Restorative-Justice-Pilotprojekte sowie die Entwicklung von Maßnahmen zur Anwendung von Restorative Justice in Schulen50 definiert. Darüber hinaus erhielt das Projekt 2007 eine lobende Erwähnung beim Innovare Award und fördert derzeit mehrere Kurse im Bereich Restorative Justice, um die Effektivität und Anwendung weiter auszubauen, wie z.B. den Facilitator Course in Restorative Justice and Peace Building Circles, den

---

[48]BRANCHER, Leoberto. Gerechtigkeit für das 21. Jahrhundert: Die Einführung restaurativer Praktiken. Initiation in Restorative Justice: Training von Führungskräften für Konflikttransformation / [Projekt] Justice for the 21st Century: Instituting Restorative Practices. Porto Alegre, RS, 2008.
[49]ZEHR, Howard. *Restorative Justice:* Theorie und Praxis. São Paulo: Palas Athena, 2012. Originaltitel: The Little Book os Restorative Justice. Übersetzung: Tônia Van Acker.
[50]LARA Caio Augusto Souza; ORSINI, Adriana Goulart de Sena. *Zehn Jahre restorative Praktiken in Brasilien:* die Bestätigung der restorativen Justiz als öffentliche Politik der Konfliktlösung und des Zugangs zur Justiz. Revista Jurídica Responsabilidades. Verfügbar unter: < http://www8.tjmg.jus.br/presidencia/programanovosrumos/pai_pj/revista/edicao_02_02/08_Responsab ilitiesV2N2_Antena01.pdf>. Zugriff am: 10. Dez. 2015.

Restorative Justice Intensivkurs, der Einführungskurs in Restorative Justice und der Trainingskurs für Restorative Practices Koordinatoren51.

Durch das Projekt "Gerechtigkeit für das 21. Jahrhundert" wurden in Porto Alegre vier Zentren in einkommensschwachen Vierteln eingerichtet, um Konflikte zu verhindern und zu lösen, damit sie nicht in den Rechtsbereich gelangen52. Die erfolgreiche Anwendung dieses Projekts in der Stadt Porto Alegre war grundlegend für die Verbreitung der restaurativen Ideale in Rio Grande do Sul:

Die Einbeziehung von Konzepten und Werten und die Änderung der Haltung in der regulativen Aktion des 3. Gerichts für Kindheit und Jugend von Porto Alegre, einem Pionier in restaurativen Praktiken in der Hauptstadt, waren grundlegend für den Beitrag der Institutionen und die Systematisierung einer neuen proaktiven Aktion innerhalb der Justiz von Rio Grande do Sul53.

Ebenfalls in der Zentralregion von Rio Grande do Sul ist die regionale Bildungsstaatsanwaltschaft, die ihren Sitz in Santa Maria hat und in 44 Gemeinden tätig ist54. PREduc-SM ist sich darüber im Klaren, dass die Schule ein Ort der intellektuellen und moralischen Bildung von Kindern und Jugendlichen ist, aber auch ein günstiger Ort für Konflikte und Gewaltmanifestationen sowie ein vielversprechender Weg, um mit dem Aufbau einer Kultur des Friedens in unserer Gesellschaft zu beginnen, und hat daher einige Projekte zur Umsetzung von Restorative Justice in den Schulen von Santa Maria ins Leben gerufen.Die Projekte förderten die Ausbildung von Pädagogen, um sie zu schulen und ihnen Werkzeuge an die Hand zu geben, um in Konflikt- und Gewaltsituationen zu handeln, indem sie restaurative Praktiken anwenden und so im schulischen Umfeld eine Kultur des Friedens aufbauen, die das Wohlergehen aller ermöglicht, neben der Förderung einer gewaltfreien Kommunikation. Die Orte für die Projekte wurden anhand von öffentlichen Schulen mit höherem Aufkommen von Konflikten und Gewalt ausgewählt. Insgesamt zwölf

---

[51]LARA Caio Augusto Souza; ORSINI, Adriana Goulart de Sena. *Zehn Jahre restorative Praktiken in Brasilien:* die Bestätigung der restorativen Justiz als öffentliche Politik der Konfliktlösung und des Zugangs zur Justiz. Revista Jurídica Responsabilidades. Verfügbar unter: < http://www8.tjmg.jus.br/presidencia/programanovosrumos/pai_pj/revista/edicao_02_02/08_Responsab ilitiesV2N2_Antena01.pdf>. Zugriff am: 10. Dez. 2015.
[52]PROJEKT-JUSTIZ FÜR DAS 21. JAHRHUNDERT: EINFÜHRUNG VON WIEDERHERSTELLUNGSPRAKTIKEN. Justiz Wiederherstellend in Poa. Rio Grande doSul. Verfügbar unter: < http://www.justica21.org.br/j21.php?id=89&pg=0#.Vmn4btlrLIU>. Zugriff am: 1. Dez. 2015.
[53]Idem
[54]PEREIRA, Claudemir. CIDADANIA. Das Staatsministerium hat ein regionales Justizamt für Bildung. Santa Maria ist der Hauptsitz. Verfügbar unter: < http://www.claudemirpereira.com.br/2014/04/cidadania-ministerio-publico-tem-promotoria-de-justica- regional-de-educacao-santa-maria-e-a-sede/#axzz3tlufp6KU>. Zugriff am: 1. Dez. 2015.

Schulen wurden durch das Projekt betreut, d.h. es wurden Institutionen ausgebildet, die Restorative Justice anwenden, um neue Schulkonflikte zu lösen und zu verhindern55.

Das erste Projekt hieß "Die Schule und die Herausforderungen der heutigen Gesellschaft: die Aufgabe der Erzieher", das 2010 in Zusammenarbeit mit dem 8. regionalen Bildungskoordinator, der städtischen Bildungsabteilung von Santa Maria und dem 1. spezialisierten Staatsanwalt für Kinder und Jugendliche von Santa Maria durchgeführt wurde. Diese Initiative versuchte, eine Kultur der Gewaltfreiheit in Schulen und Konfliktprävention zu implementieren. Das zweite Projekt hieß "Restorative Practices: eine Alternative zur Konfliktlösung", das an das zuvor genannte Projekt anknüpfte. Sie wurde vom Zentrum für die Verteidigung der Rechte von Kindern und Jugendlichen von Santa Maria (CEDEDICA/SM) mit dem Ziel durchgeführt, restaurative Praktiken in Santa Maria einzuführen56.

Darüber hinaus hat die regionale Justizbehörde von Santa Maria, die beobachtet hat, dass der Konflikt und die Gewalt im schulischen Umfeld das Lernen der Schüler ernsthaft beeinträchtigen, begonnen, Seminare zur Überwachung und Planung über Restorative Justice in Schulen anzubieten. Zunächst wurde ein Prozess der Sensibilisierung von Lehrern durchgeführt, jedoch erwiesen sich die Trainingskurse als effektiver und effizienter, im Sinne der Stimulierung restaurativer Praktiken in Schulen. Nach Angaben der regionalen Bildungsstaatsanwaltschaft von Santa Maria aus dem Jahr 2014 wird dieser Kurs für die von PREduc-SM abgedeckten Gemeinden angeboten und von der Rechtsschule von Santa Maria (FADISMA) unterstützt, die die Kursteilnehmer zertifiziert und validiert. Der Vorschlag ist, dass dieser Kurs eine ständige Aktivität dieser Staatsanwaltschaft wird, damit Konflikte innerhalb der Schule selbst gelöst werden können, indem den Pädagogen Werkzeuge zur Verfügung gestellt werden, um sie durch wiederherstellende Praktiken zu lösen und ein harmonisches Schulumfeld aufzubauen, das auf Dialog und einer Kultur des Friedens basiert.57 Die

---

55SILVA , Isabel Cristina Martins. Die Implementierung von Restorative Justice als Friedenskultur in öffentlichen Schulen in der Stadt Santa Maria/RS. Artikel veröffentlicht in den Annalen der Akademischen Woche FADISMA ENTREMENTES. Ausgabe12, Jahr2015Direito.
56Idem.
57TV SANTA MARIA. Video. Interview Santa Maria Agora - 15. Oktober - Staatsministerium - Bildung, mit der Beraterin Cristina Martins und der Staatsanwältin Rosângela Correa da Rosa, beide vom

Die Ergebnisse der Anwendung der restaurativen Methoden, die im Kurs gelehrt wurden, haben die Pädagogen positiv überrascht, mit dem Schwerpunkt auf der Methode der Verwendung des Wortes Objekt, das ein Werkzeug ist, um eine flüssige und gewaltfreie Kommunikation zu schaffen, den Dialog zwischen den Menschen zu erleichtern, das Recht auf Stimme und das Recht, den Teilnehmern des restaurativen Verfahrens zuzuhören58.

Auf diese Weise ist die Durchführung des Trainingskurses von großer Relevanz, um ein Netzwerk der Friedenskultur zu bilden und restaurative Praktiken zu verbreiten, da alle, die geschult werden, zu Multiplikatoren von Restorative Justice in ihren Gemeinden werden. Die Ergebnisse dieses Kurses sind im Allgemeinen sehr vielversprechend und wichtig für die Konsolidierung von Restorative Justice in Rio Grande do Sul und es gibt Aussichten auf noch bessere Ergebnisse60.

So war die Anwendung von Restorative Justice als eine Form der Konfliktlösung in Rio Grande do Sul, besonders in der zentralen Region, erfolgreich, unterstützt durch das Projekt Gerechtigkeit für das 21. Jahrhundert und die aktive Beteiligung anderer Einrichtungen, wie PREduc-SM, um eine Kultur des Friedens aufzubauen, indem die Lehre und Anwendung restaurativer Praktiken verbreitet wird. Da sie aus einer Reihe von Methoden und Phasen bestehen, sind sie in der Lage, den Austausch von Linsen über Gewalt und die Prävention und effektive Lösung von Konflikten zu ermöglichen.

Regionalbüro des Bildungsförderers. Verfügbar unter: < https://www.youtube.com/watch?v=N0iKmq5XhMQ&feature=youtu.be>. Zugriff am: 10. Dez. 2015.
[58]TV SANTA MARIA. *Video. Interview* Santa Maria Agora - 15. Oktober - Staatsministerium - Bildung, mit der Beraterin Cristina Martins und der Staatsanwältin Rosângela Correa da Rosa, beide vom Regionalbüro des Förderers der Bildung. Verfügbar unter: < https://www.youtube.com/watch?v=N0iKmq5XhMQ&feature=youtu.be>. Zugriff am: 10. Dez. 2015.
[59]Idem [60]Idem

2. RESTORATIVE JUSTIZ UND IHRE ANWENDUNG BEI DER PRÄVENTION UND LÖSUNG VON SCHULKONFLIKTEN IN DER ZENTRALREGION RIO GRANDE DO SUL IN DEN JAHREN 2014 BIS 2016

Restorative Justice hat ein offenes Konzept und kann allgemein als eine Reihe von Verfahren, Prinzipien und Werten definiert werden, die hauptsächlich durch Friedens- und Wiederherstellungszirkel manifestiert werden. Sie basiert auf der Kultur des Friedens und der gewaltfreien Kommunikation, die aufgrund der Ineffizienz der Strafjustiz entstanden ist, die allein die Bedürfnisse des Opfers, des Täters und der Gemeinschaft nicht erfüllen und das Gleichgewicht der Gesellschaft nicht wiederherstellen kann61. In einem ersten Moment werden die verschiedenen Konzepte von Restorative Justice angesprochen, darunter das von Howard Zehr, vom Projekt Justice for the 21st Century und von der UN, sowie die Verfahren, Prinzipien, Werte und restaurativen Methoden, die bei der Lösung und Prävention von Konflikten angewendet werden.

In einem zweiten Moment wird eine Analyse über die Anwendung, Effektivität und Bedeutung von Restorative Justice bei der Lösung und Prävention von Schulkonflikten durchgeführt, die in der zentralen Region von Rio Grande do Sul zwischen den Jahren 2014 und 2016 aufgetreten sind. Die Erläuterung der Daten und Schlussfolgerungen, die in der Feldforschung durch Diagramme und Berichte der Befragten gewonnen wurden, betrachtet neben der Rolle des Pädagogen beim Aufbau einer Kultur des Friedens die Notwendigkeit, dass er/sie ein Protagonist bei der Anwendung von Restorative Justice in Schulen ist, indem er/sie eine Quelle des Wissens und der Veränderung ist.

2.1. Annäherung an das Konzept der Restorative Justice, sowie die Verfahren, Prinzipien, Werte und Methoden, die bei der Konfliktlösung angewendet werden.

Ist Restorative Justice eine alternative oder ergänzende Form der Konfliktlösung, die sich aus verschiedenen Methoden, Verfahren, Werten und

---

61ZEHR, Howard. *Restorative Justice:* Theorie und Praxis. São Paulo: Palas Athena, 2012. Originaltitel: The Little Book os Restorative Justice. Übersetzung: Tônia Van Acker.

Prinzipien, gibt es eine große Diskussion über sein Konzept. Die UNO hat in der Resolution 2002/12 das Konzept der "Restorative Justice"-Programme eingeführt, d.h. jedes Programm, das restaurative Prozesse anwendet und darauf abzielt, restorative Ergebnisse zu erzielen. [62] Doch selbst nach zehn Jahren Anwendung von Restorative Justice in Brasilien und mehreren Jahrzehnten im Rest der Welt ist ein genaues und geschlossenes Konzept von Restorative Justice nicht definiert worden, was darauf schließen lässt, dass es sich um ein offenes Konzept handelt, das sich an den sozialen Kontext des Ortes anpasst, an dem es angewendet wird. Das gleiche Problem stellt sich bei der Definition der Ziele, die oft falsch interpretiert werden. Darüber hinaus ist das Konzept der Restorative Justice nicht statisch, da es im Laufe der Jahre entsprechend den Erfahrungen, die sich aus der Anwendung restaurativer Praktiken ergeben, modifiziert wurde und sich in diesem Prozess der Metamorphose fortsetzt63.

Howard Zehr hat Restorative Justice jedoch breit konzeptualisiert als: "eine Reihe von Prinzipien, eine Philosophie, eine alternative Reihe von paradigmatischen Fragen. Letztlich bietet Restorative Justice einen alternativen Rahmen, um über Straftaten nachzudenken "[64]. Der Autor hebt auch die Schwierigkeit hervor, ein genaues Konzept von Restorative Justice zu finden, sobald es kein verputztes Konzept ist, da es sich zum Zeitpunkt seiner Anwendung an die soziale Realität des Umfelds, in dem es angewendet wird, anpassen muss, um effektive Ergebnisse zu erzielen65.

Darüber hinaus zielt Restorative Justice in seinem üblichen Konzept nicht primär auf Vergebung oder Versöhnung ab, obwohl diese auftreten können, aber sie sind nicht das Hauptziel von Restorative Justice. Sie kann auch nicht als Mediation verstanden werden, da bei der Mediation in einem Konflikt eine neutrale Sprache verwendet wird und die Position der Parteien auf der gleichen ethischen Ebene angenommen wird, d.h. das Verfahren jedes dieser Institute ist anders. Darüber hinaus zielt Restorative Justice nicht primär darauf ab, die Rückfälligkeit von Straftätern zu reduzieren, obwohl diese soziale Tatsache eine häufige Folge der

---

[62]WIRTSCHAFTS-UNDSOZIALRAT DER VEREINTENNATIONEN (ECOSOC). Beschluss 2002/12 vom 24. Juli 2002. Verfügbar unter: < http://www.justica21.org.br/j21.php?id=366&pg=0#.VI4cN9KrTlU>. Zugriff am: 1. Dez. 2015.
[63]PALLAMOLLA, Raffaella da Porciuncula. *Restorative Justice*: von der Theorie zur Praxis. São Paulo: IBCCRIM, 2009.
[64]ZEHR, Howard. *Restorative Justice*: Theorie und Praxis. São Paulo: Palas Athena, 2012. Originaltitel: The Little Book os Restorative Justice. Übersetzung: Tônia Van Acker.
[65]Idem.

wiederherstellende Verfahren, da es sich mit den Bedürfnissen des Opfers und des Täters befasst und die Selbstverantwortung des letzteren fördert, außerdem lobt es die Teilnahme aller, die beleidigt wurden, an den Verfahren66.

Restorative Justice ist auch kein spezifisches Projekt, d.h. es gibt kein geschlossenes Modell der Anwendung, es wird schrittweise in jedem konkreten Fall geschaffen, unter Berücksichtigung der materiellen Ressourcen, kulturellen Erscheinungsformen und Prinzipien jeder Gemeinschaft. Obwohl es zunächst nur bei Bagatelldelikten und bei jugendlichen Tätern angewendet wurde, ist seine Anwendung nicht auf diesen Wirkungskreis beschränkt. Es gibt Berichte über große Erfolge bei der Anwendung restaurativer Praktiken in Fällen von schwereren Vergehen, einschließlich Fällen von Mord und Vergewaltigung67.

Darüber hinaus betont Zehr, dass Restorative Justice nicht notwendigerweise eine Partnerschaft oder ein Ersatz für den Strafprozess ist, noch nicht einmal eine Alternative zur Inhaftierung oder ein radikaler Kontrapunkt zur retributiven Gerechtigkeit. Wiederherstellende Gerechtigkeit kann keine Antwort auf alle Konflikte bieten, da sie voraussetzt, dass die Parteien freiwillig an dem Verfahren teilnehmen wollen, und sie kann ergänzend zusammen mit der vergeltenden Gerechtigkeit angewendet werden68.

Darüber hinaus verstehen einige Autoren Restorative Justice auf andere Weise und betonen einige Perspektiven. Das Konzept des Restorative-Justice-Treffens wird als ein Instrument verstanden, das einen Dialog zwischen Opfer und Täter an einem ruhigen Ort ermöglicht, an dem sie miteinander sprechen können, wobei sie eine aktive Haltung bei der Konfliktlösung einnehmen und mit Hilfe des Moderators auf friedliche Weise interagieren. Wiedergutmachung hingegen versteht diese Form der Gerechtigkeit als Mittel zur Wiederherstellung des dem Opfer zugefügten Schadens. Dieses Konzept vernachlässigt jedoch die Bedürfnisse des Täters, da jede Gewalt der Ausdruck eines unbefriedigten Bedürfnisses ist. Und schließlich wird Restorative Justice auch nach dem Konzept der Transformation verstanden, in dem das Hauptziel von Restorative Justice als ein Weg zur Transformation definiert wird

---

66ZEHR, Howard. *Restorative Justice:* Theorie und Praxis. São Paulo: Palas Athena, 2012. Originaltitel: The Little Book os Restorative Justice. Übersetzung: Tônia Van Acker.
67Idem 68Idem

die Art und Weise, wie Menschen, die an restaurativen Praktiken teilgenommen haben, sich selbst verstehen und wie sie sich in ihrem täglichen Leben verhalten69.

Über das Konzept der "Restorative Justice" bringt die offizielle Website des Projekts "Justice for the 21st Century" eine objektive und weit gefasste Definition von "Restorative Justice", die ihre Hauptaspekte hervorhebt:Restorative Praktiken umfassen ein breites Konzept von Gerechtigkeit und gehen damit über die rein juristische Anwendung von Prinzipien und Werten der Restorative Justice hinaus. Über den Bereich der institutionellen Justiz hinaus erlauben uns die vom restaurativen Modell vorgeschlagenen Überlegungen, die Art und Weise zu visualisieren und neu zu konfigurieren, wie wir in den urteilenden Aktivitäten handeln, die wir täglich ausüben, in unseren Beziehungen, in den informellen Instanzen der Prozesse, in Umgebungen wie Familie, Schule oder Arbeit70.

Nach dem bereits erwähnten Konzept setzt sich Restorative Justice aus einer Reihe von Prinzipien und Werten zusammen, von denen der wichtigste die Partizipation ist. Es wird davon ausgegangen, dass alle, die von dem Konflikt betroffen sind, an dem restaurativen Prozess teilnehmen sollten und die Hauptsubjekte bei der Entscheidungsfindung über den Konflikt sind und dazu beitragen, ihn zu lösen Respekt ist eine der Grundlagen zur Zeit der restaurativen Praxis, und die Teilnehmer sollten gleich behandelt werden, unabhängig von ihren Handlungen, ihrer Rasse, Kultur, ihrem Geschlecht, ihrer sexuellen Orientierung, ihrem Alter, ihrem Glauben und ihrem sozialen Status, wobei dieses Prinzip wesentlich ist, um Vertrauen und guten Glauben unter den Teilnehmern aufzubauen. Auch die Ehrlichkeit der Teilnehmer, denn sie ist wesentlich, um der Sache gerecht zu werden. Es wird angeregt, dass die Menschen offen und ehrlich über ihre Erfahrungen bezüglich des Konflikts, ihre Gefühle und ihre moralische Verantwortung sprechen. Demut wird sowohl für die Teilnehmer als auch für den Moderator als sehr wichtig angesehen, da in einem restaurativen Verfahren die jedem Menschen innewohnenden Fehler und Schwächen akzeptiert werden. Wenn die Teilnehmer des Verfahrens diese Bedingung verstehen, entdecken der Täter und der Empfänger, dass beide Menschen sind, die Fehler machen können. Für den Facilitator ist dieser Wert wichtig, da er dadurch erkennen kann, dass seine Aktionen möglicherweise

69PALLAMOLLA, Raffaella da Porciuncula. *Restorative Justice*: von der Theorie zur Praxis. São Paulo: IBCCRIM, 2009.
70PROJEKT GERECHTIGKEIT FÜR DAS 21. JAHRHUNDERT: EINFÜHRUNG VON WIEDERHERSTELLUNGSPRAKTIKEN. Was es ist
Wiederherstellende Gerechtigkeit? Rio Grande do Sul. Verfügbar unter:<
http://www.justica21.org.br/j21.php?id=25&pg=0#.Vmoco9lrLIV>. Zugriff am: 1. Dez. 2015.

Folgen ohne Absicht im Verfahren. Empathie und gegenseitige Fürsorge sind sehr wertvolle Manifestationen der Demut in restaurativen Verfahren71.

Verbundenheit, Verantwortung, Hoffnung und Ermächtigung sind auch Prinzipien der Restorative Justice. Sobald die individuelle Freiheit und Verantwortung gewahrt ist, versteht Restorative Justice, dass Täter und Opfer die Gesellschaft gleichberechtigt zusammensetzen. Sie geht von der Vorstellung aus, dass alle Menschen durch ein Beziehungsgeflecht miteinander verbunden sind, auch Täter und Opfer, insbesondere verbunden durch ihre gemeinsame Beteiligung am Konflikt. Verantwortung, denn Restorative Justice predigt, dass derjenige, der einer anderen Person Schaden zufügt, die moralische Verpflichtung hat, die Verantwortung für seinen Fehler zu übernehmen und zu versuchen, dessen Folgen zu mildern. Hoffnung, da man unabhängig vom Schweregrad des Vergehens glaubt, dass Beziehungen wieder aufgebaut werden können. Dieser Ansatz basiert nicht auf der Bestrafung vergangener Taten, sondern auf den gegenwärtigen Bedürfnissen sowohl des Täters als auch des Opfers, um den Empfängern Heilung und den Tätern neben ihrer Resozialisierung eine Chance zur Veränderung zu bieten. Schließlich Empowerment, da Restorative Justice versteht, dass das Individuum Selbstbestimmung und Autonomie in seinem Leben haben muss. Aus diesem Grund wird in restaurativen Praktiken der Empfänger ermächtigt, eine aktive Rolle auszuüben, seine Bedürfnisse zu bestimmen und wie er wünscht, dass sie erfüllt werden. Diese Gerechtigkeit erlaubt es dem Täter auch, die Verantwortung für seine Vergehen zu übernehmen und alles zu tun, um den Schaden, den er verursacht hat, zu reparieren, wodurch ein Prozess der Rehabilitation und Wiedereingliederung des Täters angeregt wird72.

So setzt sich Restorative Justice aus drei Achsen der Unterstützung zusammen, die da sind: der begangene Schaden und die Bedürfnisse, die Verpflichtungen und das Engagement oder die Beteiligung73. Basierend auf diesen Säulen legt der Restorative-Justice-Ansatz auch Wert darauf, dass alle von der Übertretung betroffenen Parteien, wie Familie, Freunde und andere Personen aus der Gruppe der sozialen Beziehungen sowie Mitglieder der Gemeinschaft, in das restaurative Verfahren einbezogen werden. Damit die Transformation dieser Menschen, der Gemeinschaft und der Regierung stattfinden kann, muss die Praxis

---

71BRANCHER, Leoberto. Gerechtigkeit für das 21. Jahrhundert: Die Einführung restaurativer Praktiken. Manual de Práticas Restaurativas / [Projekt] Justiça para o Século 21: Instituindo Práticas Restaurativas. Porto Alegre, RS, 2008.
72Idem
73ZEHR, Howard. *Restorative Justice:* Theorie und Praxis. São Paulo: Palas Athena, 2012. Originaltitel: The Little Book os Restorative Justice. Übersetzung: Tônia Van Acker.

Restorative Action fördert die Überprüfung der Rollen und Verantwortlichkeiten aller Beteiligten angesichts von Gewalt, Konflikten und Kriminalität74.

So ermöglicht eine solche Perspektive Inklusion und soziale Verantwortung und bietet ein partizipatives demokratisches Lernen, da Gemeinschaften und Individuen in der Lage sind, ihre eigenen Konflikte zu lösen, indem sie als aktive Akteure in diesem Prozess agieren und die Ketten des Nachhalls von Gewalt beenden75. In Anbetracht dessen argumentiert Howard Zehr, dass Restorative Justice aus einigen grundlegenden Zuschreibungen besteht: Sie verlangt zumindest, dass wir uns um den Schaden, den das Opfer erlitten hat, und seine Bedürfnisse kümmern; dass dem Täter die Verantwortung übertragen wird, diesen Schaden zu beheben, und dass Opfer, Täter und die Gemeinschaft in diesen Prozess einbezogen werden76.

Aus all diesen Gründen ist Restorative Justice wesentlich für den Aufbau einer Kultur des Friedens und die Beseitigung der Kultur des Krieges, die in der Gesellschaft vorherrscht, in der der Gerichtsprozess eine "Kampfarena" ist, in der sich die Parteien gewaltsam mit juristischen Waffen gegenüberstehen, mit dem Ziel, den Verlierer irgendeiner Sanktion zu unterwerfen, die durch die Zwangsgewalt des staatlichen Gewaltmonopols auferlegt wird. In diesem Rechtssystem haben die Parteien keine Mitwirkungsbefugnis, die Macht ist in der Figur des Richters konzentriert, was einen befriedenden Dialog zwischen ihnen nicht zulässt und somit die Lösung und angemessene Prävention von Konflikten unmöglich macht77. Das derzeitige Justizsystem ist ein Spiegelbild der in unserer Gesellschaft vorherrschenden Kultur der Rache und Gewalt, die auf dem Glauben beruht, dass Gewalt das geeignete Instrument ist, um begangenes Unrecht zu kompensieren, und auf der falschen Vorstellung, dass Strafe das beste Mittel ist, um Straftäter davon abzuhalten, neue Straftaten zu begehen. Diese Gewaltkultur wird durch aggressive Verhaltensweisen, die im Alltag praktiziert werden, sowie durch die Nutzung des Justizsystems zum Zweck der

---

74BRANCHER, Leoberto. Gerechtigkeit für das 21. Jahrhundert: Die Einführung restaurativer Praktiken. Manual de Práticas Restaurativas / [Projekt] Justiça para o Século 21: Instituindo Práticas Restaurativas. Porto Alegre, RS, 2008.
75Idem
76ZEHR, Howard. *Restorative Justice:* Theorie und Praxis. São Paulo: Palas Athena, 2012. Originaltitel: The Little Book os Restorative Justice. Übersetzung: Tônia Van Acker.
77BRANCHER, Leoberto. Gerechtigkeit für das 21. Jahrhundert: Die Einführung restaurativer Praktiken. Manual de Práticas Restaurativas / [Projekt] Justiça para o Século 21: Instituindo Práticas Restaurativas. Porto Alegre, RS, 2008.

Rache für den Schaden, den man erleidet, und nicht als Mittel zur Erreichung wahrer Gerechtigkeit78.

In der Vergeltungsjustiz werden die Täter individuell behandelt, ohne die Gemeinschaft oder die anderen am Konflikt beteiligten Personen zu berücksichtigen, wobei die Straftat und die Strafe im Vordergrund stehen, wobei letztere der ersteren entsprechen sollte. Die Parteien werden in eine Position der Konfrontation versetzt, sie sind also Gegner, was die Gefühle der Feindschaft zwischen ihnen verstärkt, und es gibt keine Beteiligung an der Suche nach einer Lösung des Konflikts. Die vergeltende Justiz ist für die Feststellung der Schuld zuständig, die das zentrale Ziel ist, wobei der Fokus der Erklärungen nur auf den vergangenen Fakten liegt und die Bedürfnisse der Parteien im Hintergrund bleiben. In diesen Situationen werden die Unterschiede hervorgehoben, und das Auferlegen von Schmerzen wird als normativ angesehen, während ein sozialer Schaden zu einem anderen Schaden hinzugefügt wird, der theoretisch durch den dem Täter auferlegten Schaden ausgeglichen wird, während das Opfer vernachlässigt wird. Aufgrund dieser Merkmale im Bereich der vergeltenden Gerechtigkeit sind Fälle, in denen eine Wiederherstellung der Beziehungen zwischen den Parteien stattfindet, selten, da die Opfer ihre Gefühle nicht ausdrücken können, der Täter keine Verantwortung für die Lösung des Konflikts trägt und die Ergebnisse immer noch die Verantwortungslosigkeit des Täters verstärken, der als Ergebnis dieses Prozesses einen persönlichen Ausschluss erleidet und seine Beziehungen zur Gemeinschaft stark beeinträchtigt werden, was die Aggressoren entfremdet und stigmatisiert. [79]

Reue und Vergebung sind ebenfalls selten, da diese durch das gerichtliche Verfahren entmutigt werden, das wettbewerbsorientierte und individualistische Werte propagiert und verstärkt, den Kontext des sozialen, wirtschaftlichen und moralischen Verhaltens der Beteiligten ignoriert, den Streit in ein Lose/Gewinn-Spiel verwandelt, den Begriff der Gerechtigkeit auf den Akt der korrekten Erfüllung der Regeln beschränkt und die Täter-Opfer-Beziehungen völlig ignoriert80. Daher ist die Implementierung von Restorative Justice angesichts der sozialen Missstände, die durch die retributive Justiz und ihre Ineffizienz bei der Lösung und Verhinderung von Konflikten hervorgerufen werden, unerlässlich, da sie

---

[78]ZEHR, Howard. *Restorative Justice:* Theorie und Praxis. São Paulo: Palas Athena, 2012. Originaltitel: The Little Book os Restorative Justice. Übersetzung: Tônia Van Acker.
[79] BRANCHER, Leoberto. Gerechtigkeit für das 21. Jahrhundert: Die Einführung restaurativer Praktiken. Manual de Práticas Restaurativas / [Projekt] Justiça para o Século 21: Instituindo Práticas Restaurativas. Porto Alegre, RS, 2008.
[80]Idem.

den Bedürfnissen des Opfers, des Täters und der Gemeinschaft nicht gerecht wird und das Gleichgewicht der Gesellschaft nicht wiederherstellt81.

Darüber hinaus bietet Restorative Justice im Gegensatz zur Gewalt der retributiven Gerechtigkeit Strategien der Gegenseitigkeit und der Partizipation, die es ermöglichen, den Konflikt in einer angenehmen und friedlichen Umgebung zu lösen. So verwandelt sie Konflikte und Gewalt in das Erlernen menschlicher Werte und fördert eine Kultur des Friedens, die sich dann allmählich in der Gesellschaft ausbreitet. Der Aufbau dieser Friedenskultur setzt nicht nur die Übernahme restaurativer Praktiken voraus, sondern es ist notwendig, dass die ganze Gesellschaft in ihrem täglichen Leben die restaurativen Werte verinnerlicht, insbesondere die Betreiber des Rechts, indem sie sie bei der Lösung von Konflikten anwenden, indem sie jedes Treffen leiten, in dem Entscheidungen getroffen werden oder in dem Planungen durchgeführt werden, auch in informellen alltäglichen Situationen, an denen Familienmitglieder beteiligt sind, auch wenn es sich nicht um einen Konflikt handelt82.

Innerhalb von Restorative Justice werden Menschen als Teil eines Beziehungsgeflechts gesehen, nicht nur als Individuen, da sie davon ausgehen, dass Straftaten das Ergebnis von Disharmonien in diesen Beziehungen sind, daher liegt der Fokus ebenso auf Aggressionen wie auf deren Ursprung. Der restaurative Prozess zielt darauf ab, Antagonismen zwischen den Teilnehmern zu reduzieren. Sie glaubt, dass sich jeder ändern kann und dass negative Etiketten ein gefährlicher Affront gegen die Wahrheit sind. Darüber hinaus wird den Tätern im restaurativen Prozess gezeigt, dass sie nicht auf ihre strafbaren Handlungen beschränkt sind und dass sie in der Lage sind, zu lernen, mit Situationen auf andere Weise umzugehen, wodurch eine Entfremdung vermieden wird. Darüber hinaus beteiligen sich die Parteien effektiv an der Lösung des Konflikts, da sie die Einzigen sind, die sich ihrer Gefühle und ihrer Bedürfnisse, die sich aus dem Konflikt ergeben, und auch der möglichen Lösungen, sie zu erfüllen, vollständig bewusst sein können. Bei der Anwendung von Restorative Justice nehmen die Bedürfnisse des Opfers eine zentrale Rolle ein, das durch den entstandenen Schaden verursachte Ungleichgewicht wird durch die Förderung des Guten korrigiert. Dieses Verfahren betont die Reparatur von sozialen Schäden, und Wiederherstellung, Wiedergutmachung und Dialog werden als normativ angesehen. In diesem

---

[81]ZEHR, Howard. *Restorative Justice:* Theorie und Praxis. São Paulo: Palas Athena, 2012. Originaltitel: The Little Book os Restorative Justice. Übersetzung: Tônia Van Acker.
[82]BRANCHER, Leoberto. Gerechtigkeit für das 21. Jahrhundert: Die Einführung restaurativer Praktiken. Manual de Práticas Restaurativas / [Projekt] Justiça para o Século 21: Instituindo Práticas Restaurativas. Porto Alegre, RS, 2008.

Das Verfahren zielt darauf ab, die Gemeinsamkeiten zwischen dem Täter und dem Opfer hervorzuheben und Empathie zwischen ihnen zu erzeugen83.

Darüber hinaus liegt der Schwerpunkt der Gespräche in einem restaurativen Verfahren auf der Lösung des Konflikts, wobei der Täter an der Suche nach dieser Lösung beteiligt ist und Verantwortung trägt, ebenso wie das Opfer und die Gemeinschaft. Da es in diesem Prozess Raum für die Parteien gibt, sich auszudrücken, wird das Leiden der Opfer aufgearbeitet, anerkannt und respektiert, und oft werden Bindungen wiederhergestellt. Darüber hinaus werden in diesen Verfahren verantwortungsbewusstes Verhalten, Gegenseitigkeit und Kooperation während des gesamten Prozesses gestärkt, wobei Rituale der Reorganisation stattfinden, die zur Wiedereingliederung des Täters in die Gemeinschaft führen. Das Konzept, Gerechtigkeit zu üben, kann als das Erreichen guter Beziehungen verstanden werden, da die gewünschten Ergebnisse solche sind, bei denen alle gewinnen und Versöhnung möglich wird, da das Gleichgewicht korrigiert wird, indem sowohl das Opfer als auch der Täter unterstützt werden, wobei der Vermittler ihnen hilft, den Konflikt zu lösen.84Die Ziele von Restorative Justice sind also, die schädigende Handlung anzusprechen, die Ursachen dieser Handlung und auch ihre Folgen zu behandeln und sich in ausgewogener Weise um alle Menschen zu kümmern, die an einer restaurativen Praxis teilnehmen. Nach Howard Zehr: "Restorative Justice stimuliert Entscheidungen, die Verantwortung, Reparatur und Wiederherstellung für alle fördern "[85]. Daher müssen für den Autor die Ziele von Restorative-Justice-Projekten vorsehen, dass alle von der Straftat Betroffenen an dem Verfahren teilnehmen können, dass Gerechtigkeit ein heilender und transformativer Prozess ist und die Wahrscheinlichkeit zukünftiger Straftaten verringert, dass es ein Prozess ist, bei dem alle an der Lösung des Konflikts mitwirken86

Restorative Justice (Wiederherstellende Gerechtigkeit) ist ein Prozess, um so weit wie möglich all diejenigen, die ein Interesse an einer bestimmten Straftat haben, in einen Prozess einzubeziehen, der gemeinsam die Schäden, Bedürfnisse und Verpflichtungen, die sich aus der Straftat ergeben, identifiziert und angeht, um die Wiederherstellung der Menschen zu fördern und die Dinge so weit wie möglich in Ordnung zu bringen87.

[83]BRANCHER, Leoberto.Justice for the 21st Century: Instituting Restorative Practices. Manual de Práticas Restaurativas / [Projekt] Justiça para o Século 21: Instituindo Práticas Restaurativas. Porto Alegre, RS, 2008.
[84]Idem
[85]ZEHR, Howard. Restorative Justice: Theorie und Praxis. São Paulo: Palas Athena, 2012. Originaltitel: The Little Book os Restorative Justice. Übersetzung: Tônia Van Acker.
[86]Idem
[87]ZEHR, Howard. Restorative Justice: Theorie und Praxis. São Paulo: Palas Athena, 2012. Originaltitel: The Little Book os Restorative Justice. Übersetzung: Tônia Van Acker.

Darüber hinaus definierte das Projekt "Justice for the 21st Century" die Ziele der "Restorative Justice" (Wiederherstellende Gerechtigkeit), die es ermöglicht, friedliche Konfliktlösungen gemeinsam mit der Gemeinschaft zu erreichen, und zwar durch wiederherstellende Verfahren wie "Restorative Circles", "Peace Circles" und "Family Restorative Circles "88.

Restorative Circles werden so genannt, weil bei diesen Treffen die Menschen in einem Kreis verteilt werden, um den Grad der Gleichheit, der unter ihnen besteht, zu bekräftigen und den Dialog zu erleichtern. Auch weil diese Treffen darauf abzielen, den entstandenen Schaden zu beheben, das Gerechtigkeitsempfinden wiederherzustellen und die Gemeinschaft als Ganzes wieder zu integrieren89. Diese Kreise sind organisierte Treffen, die einem bestimmten Skript folgen, bei denen der Autor, d.h. die Person, die die fragliche Tat begangen hat, der Empfänger, d.h. die Person, die von der Tat betroffen war, ein Koordinator, der den Dialog moderiert, sowie andere Personen aus der Gemeinschaft, die betroffen waren oder Zeugen der besprochenen Tat wurden, anwesend sind. Darin wird ein befriedender Dialog geführt, in dem versucht wird, den Konflikt zu lösen, in dem jeder sich äußern kann und dem anderen zuhören muss, wenn er sich äußert, gegenseitiges Verständnis ist grundlegend, damit man verstehen kann, was passiert ist und eine gewaltfreie Kommunikation aufgebaut werden kann. So entscheiden alle von der Straftat Betroffenen gemeinsam in friedlicher Weise, wie sie mit den Umständen, die sich aus der verletzenden Tatsache ergeben, und ihren Auswirkungen für die Zukunft umgehen90. Daher wird dieses Verfahren durch integrative, kollaborative Prozesse und konsensuale Entscheidungen unter den interessierten Parteien durchgeführt91.

Das Verfahren wird in drei Stufen durchgeführt: der Vorkreis, der eine Vorbereitung für das Treffen der Teilnehmer ist; der Kreis, der die Durchführung des Treffens ist; und der Nachkreis, der eine Nachbereitung des Falls ist. Während der Kreisphase treten drei verschiedene Momente auf, die für die Realisierung der restaurativen Praxis wesentlich sind: der Moment des gegenseitigen Verstehens, der sich auf die aktuellen Bedürfnisse der Teilnehmer konzentriert; der zweite Moment ist der der Selbstverantwortung, der sich auf die Bedürfnisse zum Zeitpunkt des Sachverhalts konzentriert und; der dritte Moment, wenn die Vereinbarung getroffen wird, der sich darauf konzentriert, die während des gesamten Prozesses geäußerten Bedürfnisse zu erfüllen. Der Weg zur Erfüllung solcher Bedürfnisse wird von den Teilnehmern vorgeschlagen, die

---

88BRANCHER, Leoberto. Gerechtigkeit für das 21. Jahrhundert: Die Einführung restaurativer Praktiken. Manual de Práticas Restaurativas / [Projekt] Justiça para o Século 21: Instituindo Práticas Restaurativas. Porto Alegre, RS, 2008.
89Idem. 90Idem.
91ZEHR, Howard. Restorative Justice: Theorie und Praxis. São Paulo: Palas Athena, 2012. Originaltitel: The Little Book os Restorative Justice. Übersetzung: Tônia Van Acker.

kollektiv einen Aktionsplan, die sogenannte Vereinbarung. Damit sollen konstruktive Aktivitäten entwickelt werden, die allen zugute kommen, denn der Restorative Circle zielt nicht darauf ab, Schuldige oder Opfer aufzuzeigen, auch nicht darauf, Vergebung und Versöhnung zu suchen, obwohl Fälle, in denen dies geschieht, nicht selten sind, sondern die Wahrnehmung zu erzeugen, dass Handlungen nicht nur sich selbst, sondern das Kollektiv betreffen und dass jeder dafür verantwortlich ist. Es wird auch betont, dass, um solche Ergebnisse zu erzielen, der Koordinator der Wiederherstellungsprozedur mit allen interagieren muss, indem er ihnen erlaubt, sich spontan und gemäß dem programmierten Skript zu manifestieren. Die Teilnahme an diesen Kreisen ist optional und freiwillig, einschließlich der Teilnahme des Koordinators selbst, der das Verfahren leiten sollte und einen sicheren und geschützten Raum bietet, in dem die Menschen das Problem ansprechen und Lösungen für die Zukunft entwickeln können. Er darf keine Verantwortung für die anderen Teilnehmer übernehmen, sondern nur sein Wissen nutzen, um das Sanierungsverfahren korrekt anzuwenden92.

Aus diesem Grund ist es während des Zirkelprozesses notwendig, dass die Kommunikation auf gewaltfreie Weise erfolgt, denn sie ist nicht nur wesentlich, um einen friedlichen Dialog zu erreichen, sondern ermöglicht auch ein echtes Verständnis der eigenen und der Gefühle der anderen. Marshall meint: "Wenn wir CNV nutzen, um auf unsere tiefsten Bedürfnisse und die der anderen zu hören, nehmen wir Beziehungen auf eine neue Art und Weise wahr. 93 Gewaltfreie Kommunikation basiert auf vier Komponenten: Beobachtung, Gefühl, Bedürfnisse und Bitte, und besteht aus zwei wesentlichen Teilen: dem Moment des ehrlichen Ausdrucks durch diese Komponenten und dem Moment des empathischen Empfangens der Worte durch diese94. So wird gewaltfreie Kommunikation im täglichen Leben der Menschen notwendig, um ihre Einstellung immer positiv zu gestalten, anstelle des Negativismus, der heute die Beziehungen durchdringt95.

Es ist auch notwendig, einen kurzen Vortrag über Peacebuilding Circles zu halten, die nach Kay Pranis eine Modalität sind

---

92BRANCHER, Leoberto. Gerechtigkeit für das 21. Jahrhundert: Die Einführung restaurativer Praktiken. Manual de Práticas Restaurativas / [Projekt] Justiça para o Século 21: Instituindo Práticas Restaurativas. Porto Alegre, RS, 2008.
93ROSENBERG, Marshall B. Gewaltfreie Kommunikation: Techniken zur Verbesserung persönlicher und beruflicher Beziehungen. São Paulo: Ágora, 2006.
94Idem
95ROSENBERG, Marshall B. Gewaltfreie Kommunikation: Techniken zur Verbesserung persönlicher und beruflicher Beziehungen. São Paulo: Ágora, 2006.

partizipative Demokratie, mit dem Ziel, Räume zu schaffen, in denen Menschen eine liebevollere Verbindung zueinander aufbauen können96. Dieses Verfahren wurde in Anlehnung an alte Praktiken der Aborigines entwickelt. Sie kann sowohl in der Nachbarschaft, in der Schule, am Arbeitsplatz als auch im Justizsystem angewendet werden. Es ist wichtig hervorzuheben, dass dies derzeit, laut der durchgeführten Feldforschung, das am häufigsten angewandte restaurative Verfahren zur Lösung und Prävention von Schulkonflikten in der zentralen Region von Rio Grande do Sul ist. Die Peacebuilding Circles haben eine spezifische Struktur, die darauf abzielt, eine Umgebung zu schaffen, in der es die notwendige Freiheit für jeden gibt, seine persönliche Wahrheit auszudrücken, seine Masken und Abwehrmechanismen beiseite zu lassen und so können die Teilnehmer sich selbst als menschliche Wesen erkennen, die Fehler machen und Ängste haben97.

Diese Struktur besteht aus einer Reihe von Elementen, die einen sicheren Raum für die Teilnehmer schaffen, so dass sie sich frei fühlen können, völlig authentisch und sich selbst treu zu sein. Das erste Strukturelement ist die Zeremonie, die bei der Eröffnung und Schließung des Friedenskreises abgehalten wird und aus einer absichtlichen Zentrierungsaktivität besteht. Diese Zeremonie baut die Idee auf, dass der Kreis ein besonderer Moment ist, anders als die, die wir in unserem täglichen Leben erleben. Ein weiteres Element ist der Sprechstock, auch Sprechobjekt genannt, der den Dialog erleichtert, da nur die Person, die ihn hält, sprechen kann. Dieses Objekt hilft Menschen, die Schwierigkeiten haben, sich in der Öffentlichkeit auszudrücken, und ermöglicht es jedem, den emotionalen Äußerungen anderer mit mehr Aufmerksamkeit zuzuhören und so eine stärkere Reflexion über die exponierten Fakten zu fördern. Als Strukturelemente gibt es auch den Facilitator oder Guardian. Der Moderator oder Betreuer ist das zentrale Stück und ist die erste Person, die der Gruppe hilft, den Kreis als eine besondere Umgebung der Freiheit zu schaffen und aufrechtzuerhalten, in der sich jeder in einer respektvollen Art und Weise ausdrücken kann, und hat auch die Rolle, die Reflexion durch Fragen zu fördern, solange sie die Teilnehmer nicht zu einer bestimmten Schlussfolgerung führen. Das Herzstück dient dazu, einen Berührungspunkt zu schaffen, der den liebevollen Dialog zwischen den Teilnehmern stärkt. Er wird normalerweise in der Mitte des Kreises auf dem Boden aufgestellt und besteht aus Objekten, die die Werte und Prinzipien repräsentieren, die dem Kreis zugrunde liegen. Diese Objekte können auch nach dem

---

96PRANIS, Kay. *Kreislaufprozesse:* Theorie und Praxis. São Paulo: Palas Athena, 2010. Übersetzung: Tônia Van Acker

97Idem.

Art des Kreises, der abgehalten wird, wie z. B. Dialog, Verstehen, Wiederherstellung, Strafe,Unterstützung,AufbauvonGemeinschaftssinn,Konfliktlösung, Wiedereingliederung und Feiern98.

Darüber hinaus bestimmen die Teilnehmer der Friedenskreise aktiv mit, wie sie sich während des Verfahrens verhalten, sie sagen, was sie für sich selbst wollen und was sie von anderen wollen. Daher werden Entscheidungen im Konsens getroffen, und bevor eine Lösung für einen Konflikt gesucht wird, falls es einen gibt, ist es notwendig, eine persönliche Kenntnis der Teilnehmer herzustellen, so dass sie emotional, geistig und intellektuell involviert werden, was den Dialog auf eine angenehmere und effektivere Weise fließen lässt. In diesen Zirkeln ist die gelebte Erfahrung wertvoller als ein Ratschlag, weil der Ratschlag die persönliche Erfahrung des Sprechers ist und daher von den anderen, die ihm zuhören, besser verstanden wird, was größere praktische Auswirkungen hat, als wenn ein Ratschlag gegeben wird. Zusätzlich zum Aufbau einer emotionalen Verbindung zwischen den Teilnehmern verbindet das Geschichtenerzählen die Menschen und fördert Empathie und Mitgefühl.99

Außerdem basiert der Friedenskreis auf der Idee des Medizinrades, das von den nordamerikanischen Indianern verwendet wurde und aus vier Teilen besteht, die in vollem Gleichgewicht sein sollten. Die vier Beziehungselemente der Friedenskreise sind also: Pläne entwickeln (Zusammengehörigkeitsgefühl), sich treffen (einander kennenlernen), mit Visionen (Problemen) umgehen und Verständnis und Vertrauen aufbauen. Laut Kay Pranis muss man, um ein Gleichgewicht in diesen vier Teilen zu erreichen, gleichermaßen Zeit damit verbringen, sich selbst kennenzulernen, Beziehungen aufzubauen, Probleme zu erforschen und Pläne zu entwickeln100.

Heutzutage können die Friedenskreise u.a. eingesetzt werden, um Opfern von Straftaten Unterstützung und Hilfe zu geben, Konflikte in der Klasse zu bewältigen, Familienkonflikte zu lösen und ehemalige Gefangene zu reintegrieren. Der grundsätzliche Ablauf der Friedenskreise folgt dieser Reihenfolge: die Begrüßung, die Eröffnungszeremonie, die Erläuterung des Kernstücks, des Gegenstands des Wortes, sowie der Ziele des Kreises, seiner Werte und Leitlinien, danach

---

98PRANIS Kay. *Kreislaufprozesse:* Theorie und Praxis. São Paulo: Palas Athena, 2010. Übersetzung: Tônia Van Acker
99Idem. 100Idem.

40

Erklärung sollte eine Erzählrunde stattfinden, ein Moment, um die Probleme zu erkunden, Pläne für eine bessere Zukunft zu schmieden und, wenn möglich, eine Vereinbarung zu treffen, die Erwartungen zu klären, eine Runde zum *Auschecken*, die fälligen Danksagungen und schließlich eine Abschlusszeremonie.101 So versteht Kay Pranis den besagten Kreis als einen besonderen Moment, der zur persönlichen Bildung der Teilnehmer und zum Aufbau einer Kultur des Friedens und der Nächstenliebe beiträgt: "Ich glaube, dass der Kreis ein Weg ist, der die uralte Weisheit des Gemeinschaftslebens mit dem modernen Wissen über individuelle Gaben und den Wert von Meinungsverschiedenheiten und Unterschieden zusammenbringt. Im Circle respektieren wir sowohl den Einzelnen als auch das Kollektiv. Im Kreis sondieren wir tief in uns selbst und gehen *auch* hinaus, um Verbindung mit dem kollektiven Geist des Kreises102 zu finden.Daher hat Restorative Justice ein offenes Konzept, da es sich erstens um eine Reihe von Prinzipien und Werten handelt, die, angewandt durch restaurative Verfahren, wie Peacebuilding Circles und Restorative Circles, Vorteile für die Teilnehmer und die Gesellschaft als Ganzes erzeugen und eine Kultur des Friedens aufbauen. Im Gegensatz zur traditionellen Justiz, die nicht nur den Bedürfnissen der Beteiligten nicht gerecht wird, sondern auch den Täter ausgrenzt und damit eine Kettenreaktion der Gewalt auslöst, die die zwischenmenschlichen Beziehungen verschlechtert. Daher ist die Anwendung von Restorative Justice wesentlich für den Aufbau einer humaneren Gesellschaft, besonders wenn sie auf Konflikte angewendet wird, die in Schulen entstehen, da die schulische Umgebung ein Raum der moralischen und intellektuellen Formung von Kindern und Jugendlichen ist, die in diesem Lebensabschnitt Kontakt mit restaurativen Praktiken haben und in Zukunft als Erwachsene Praktiker und Multiplikatoren der Kultur des Friedens sein werden.

2.2. Analyse der Anwendung von Restorative Justice bei der Lösung von Schulkonflikten in der zentralen Region von Rio Grande do Sul in den Jahren 2014 bis 2016

Wie bereits erwähnt, ist die Einführung von restaurativen Praktiken im schulischen Umfeld wesentlich für den Aufbau der Kultur des Friedens. Sie wird als eine Reihe von Prinzipien und Werten charakterisiert, die die täglichen Handlungen regeln und darauf abzielen

---

101PRANIS, Kay. *Kreislaufprozesse:* Theorie und Praxis. São Paulo: Palas Athena, 2010. Übersetzung: Tônia Van Acker.
102Idem.

immer das Gefühl des gegenseitigen Respekts, die Praktiken der gewaltfreien Kommunikation, vor allem durch Bildung und Dialog, neben der Prävention und effektive Lösung von Konflikten, die entstehen. Damit beginnt die Gestaltung einer menschlicheren Gesellschaft, die auf den Säulen der Restorative Justice basiert. Obwohl, aktuell wird Gewalt an Schulen trivialisiert und ist auch ein Grund für Komik geworden, wie z.B. der Fall einer gewalttätigen Auseinandersetzung zwischen zwei Mädchen, im Jahr 2015, am Schulausgang, die gefilmt und im Internet "viralisiert" wurde, mit dem Slogan "es ist vorbei Jessica" [103], wird es notwendig, diese Themen ernsthaft zu behandeln, da die Gewalt von Kindern und Jugendlichen im Land zunimmt, und betont die Dringlichkeit der Einführung und Anwendung von restaurativen Praktiken in Schulen, um junge Menschen beim Aufbau einer gerechteren Gesellschaft anzuleiten und eine Kultur des Friedens zu fördern[104]. Daher ist die Friedenserziehung ein Mittel zur sozialen und individuellen Veränderung derjenigen, die das Umfeld der Schule ausmachen, einschließlich der Eltern, Angestellten, Schüler, Lehrer und all derer, die direkt und indirekt mit diesem Umfeld in Verbindung stehen. Wiederherstellende Praktiken, die den pädagogischen Plan bilden, sind Instrumente zur Propagierung von Toleranz, gegenseitigem Respekt und vor allem Respekt vor dem Leben, d.h. sie sind Instrumente zur Bekämpfung von Gewalt in der Schule und zur moralischen Bildung des Einzelnen. Eine gewalttätige Schulumgebung, die von Angst, Kämpfen und Respektlosigkeit umgeben ist, kann weder gerechte und friedliche Bürger hervorbringen, noch Kindern und Jugendlichen ein angemessenes intellektuelles und menschliches Lernen ermöglichen, da die Kultur der Gewalt die zwischenmenschlichen Beziehungen zerstört und Ketten von Aggressionen erzeugt, die gebrochen werden müssen, damit die Gesellschaft in ihrem sozialen und menschlichen Aspekt sowie in wirtschaftlicher und politischer Hinsicht voranschreiten kann[105]. Abgesehen davon, dass die Schule ein Ort des sehr intensiven Zusammenlebens derer ist, die sie ausmachen, da viele Kinder und Jugendliche mehr Zeit mit Lehrern und Mitschülern verbringen als mit den eigenen Eltern, sind die Beziehungen in diesem Umfeld vielfältig und komplex, so dass es wichtig ist, Konflikte zu vermeiden und

[103] YOU TUB Sind Sie fertig, Jessica? Offizielles Video. Erhältlich bei:
< https://www.youtube.com/watch?v=cXSNcsHJ1l4>. Zugriff am: 13 jun. 2016.
[104] SILVA , Isabel Cristina Martins. Die Implementierung von Restorative Justice als Friedenskultur in öffentlichen Schulen in der Stadt Santa Maria/RS. Artikel veröffentlicht in den Annalen der Akademischen Woche FADISMA ENTREMENTES. Ausgabe12, Jahr2015Direito.
[105] SILVA , Isabel Cristina Martins. Die Implementierung von Restorative Justice als Friedenskultur in öffentlichen Schulen in der Stadt Santa Maria/RS. Artikel veröffentlicht in den Annalen der Akademischen Woche FADISMA ENTREMENTES. Ausgabe12, Jahr2015Direito.

in angemessener und effektiver Weise gelöst werden. Die restaurativen Praktiken, insbesondere die Friedenskreise, erweisen sich aufgrund ihrer Struktur und der Werte von Inklusion und Gleichheit als am besten geeignet, die gewünschten Effekte in Schulen erfolgreich zu erzielen106. Nach dem, was Kay Pranis beschreibt, ist die Schule eine Lern- und Lehrumgebung, aber nicht nur Lehrplanfächer wie Mathematik und Portugiesisch, sondern auch menschliche Werte und Prinzipien, die eine günstige Umgebung für die Anwendung und das Lehren von restaurativen Praktiken sind: in Schulen geschehen Lernen und Lehren auf natürliche Weise. Manchmal durch Lektionen, die von einem Lehrer geplant und unterrichtet werden, manchmal aber auch durch die Worte oder Handlungen eines Kollegen. Schulen sind auch Orte, an denen täglich Konflikte ausgetragen werden. Daher bieten sie den perfekten Raum, um über Konfliktlösung zu lehren und zu lernen - und der Kreis ist ein wesentliches Werkzeug bei diesem Lernen107.

Obwohl die Anwendung und das Lehren von restaurativen Praktiken im schulischen Umfeld von großer Bedeutung ist, behaupten viele Pädagogen, dass Friedenszirkel, wie auch andere Formen von Restorative Justice, nicht möglich sind, weil sie nicht die Zeit, die Materialien oder den Ort haben. Kleine improvisierte restorative Treffen können jedoch grundlegend sein, um Konflikte zu lösen und zu verhindern sowie Harmonie in der Schulumgebung zu schaffen. Wenn z.B. ein kleiner Konflikt zwischen einigen Schülern verifiziert wird, schlägt der Lehrer vor, die Figur des Helfers zu übernehmen, der den friedlichen Dialog zwischen ihnen ermöglicht und erleichtert, indem er fragt, wie sich der Beleidigte fühlt, und dem Täter zuhört, und zwar in einem kurzen Zeitraum, ohne Material oder einen bestimmten Ort, wobei er dies sogar in einer Ecke des Raumes oder auf dem Flur der Schule tun kann. Daher ist es auch ohne Materialien, spezielle Orte oder sogar ohne große Verfügbarkeit von Zeit möglich, restaurative Praktiken in Schulen einzuführen und zu lehren, wovon alle profitieren108.

Darüber hinaus ist Restorative Justice in Brasilien ein pädagogisches Instrument, das ein wichtiges Arbeitsmittel für Pädagogen ist, um schulische Konflikte zu lösen und zu verhindern. Neben der Erleichterung und Bereicherung der pädagogischen Praxis

---

[106]SILVA, Isabel Cristina Martins. *Die Implementierung von Restorative Justice als Friedenskultur in öffentlichen Schulen in der Stadt Santa Maria/RS*. Artikel veröffentlicht in den Annalen der Akademischen Woche FADISMA ENTREMENTES. Ausgabe12, Jahr2015Direito.
[107]PRANIS, Kay. *Kreislaufprozesse:* Theorie und Praxis. São Paulo: Palas Athena, 2010. Übersetzung: Tônia Van Acker.
[108]COSTELLO, Bob; WACHTEL, Joshua; WACHTEL, Ted. Restorative Practices Handbook: für Lehrkräfte, Disziplinarbeauftragte und Administratoren von Bildungseinrichtungen. Bethlehem: International Institute for Restorative Practices, 2012.

von guten Werten, wie Respekt, Zuneigung und Gleichheit, ermöglicht dieses Werkzeug dem Pädagogen das Wissen, um in Konflikt- und Gewaltsituationen innerhalb der Schule angemessen zu handeln, um keine Gewaltketten zu schaffen und Kindern und Jugendlichen die Werte des Friedens zu vermitteln. So wird nicht nur eine adäquate intellektuelle Ausbildung gefestigt, sondern auch eine menschliche Ausbildung, so dass diese sich entwickelnden Individuen in Zukunft menschlichere und affektivere Bürger sein können109. Darüber hinaus beschränken sich restorative Praktiken nicht auf die Lösung und Verhinderung von Konflikten innerhalb der Schule, sondern befassen sich auch mit anderen schwerwiegenden Situationen, die Pädagogen betreffen, wie z. B. Schulabbruch, wiederholte Abwesenheit während des Schuljahres, Mobbing und moralische Belästigung110.

Darüber hinaus sind Kindheit und Jugend Lebensphasen mit einer großen intellektuellen und moralischen Entwicklung, was die erfolgreiche Einführung von restaurativen Praktiken in diesem Umfeld erleichtert, sowie die Dekonstruktion der Kultur der Gewalt, die in der Gesellschaft herrscht, neben der dauerhaften Einführung der Kultur des Friedens. Im Streben nach Frieden kommt dem Erzieher im schulischen Umfeld eine wesentliche Rolle zu, denn durch ihn, als Instrument der Ausbildung junger Menschen, werden die Praktiken des Friedens vermittelt111. Laut Sandra Elisabete Porto da Silva ist der Friedenspädagoge wesentlich für die Ausbildung junger Menschen und muss sich dieser Wesentlichkeit bewusst sein und somit sein Bestes tun, um die wiederherstellenden Praktiken effektiv und korrekt anzuwenden. Der Autor meint: Der Friedenspädagoge muss sich über seine Bedeutung im Prozess der Bildung von mehr Menschen im Klaren sein, die an Werte glauben, die das Leben und die Menschenwürde in Beziehungen des Zusammenlebens priorisieren. Er muss sich erlauben, zu glauben, zu träumen und zu hoffen. Haben Sie offene Augen für das Neue, einen aufmerksamen Blick auf die Realität des Schülers und haben Sie die Demut, von ihm zu lernen112.

Wenn Restorative Justice als pädagogische Methodik eingesetzt wird, schafft sie ein sicheres, friedliches, gesundes, produktives, faires und harmonisches Schulumfeld, das die volle Entwicklung von Schülern, Lehrern und Mitarbeitern fördern kann, in dem die Kultur des Friedens, des Respekts, der Demut, der Gerechtigkeit und der

---

109SILVA, Isabel Cristina Martins. *Die Implementierung von Restorative Justice als Friedenskultur in öffentlichen Schulen in der Stadt Santa Maria/RS*. Artikel veröffentlicht in den Annalen der Akademischen Woche FADISMA ENTREMENTES. Ausgabe12, Jahr2015Direito.
110AMSTUTZ, Lorraine; MULLET, Judy. Theorie und Praxis: Restorative Discipline für Schulen. São Paulo: Palas Athena, 2012.
111MACHADO, Cláudia. *Kultur des Friedens und wiederherstellende Gerechtigkeit:* in den städtischen Schulen von Porto Alegre. Porto Alegre: Prefeitura Municipal de Porto Alegre und Secretaria Municipal de Educação, 2008.
112Idem.

Ehrlichkeit, Partizipation, Vernetzung und Empowerment. In diesem Zusammenhang sticht die gewaltfreie Kommunikation hervor, denn oft erzeugen und nähren Missverständnisse oder aggressive Worte eine Kette von Gewalt und Aggressivität, die nicht nur dem Lernen der Schüler schadet, sondern auch dem Wohlbefinden aller, die das schulische Umfeld ausmachen. Die Anwendung dieser Form der friedlichen, klaren und ehrlichen Kommunikation sorgt für eine aufrichtige, liebevolle und empathische Verbindung zwischen Menschen und verhindert diese Missverständnisse113.

Außerdem wird das Recht auf Bildung, wie es in Artikel 205 der brasilianischen Bundesverfassung von 1988 vorgesehen ist, nicht verwirklicht, wenn restaurative Praktiken von der Schulumgebung ferngehalten werden. Denn in einer gewalttätigen und aggressiven Umgebung ist die volle intellektuelle, moralische und staatsbürgerliche Entwicklung von Kindern und Jugendlichen nicht möglich, ebenso wenig wie ihre Qualifikation für den Arbeitsmarkt, wobei die Anwendung dieser Praktiken unerlässlich ist, um eine harmonische und friedliche Umgebung zu schaffen, die das Wohlergehen aller garantiert und damit dieses Verfassungsrecht verwirklicht114.

Da der Pädagoge ein Protagonist bei der Umsetzung restaurativer Praktiken in Schulen ist, ist es unabdingbar, dass die Sensibilisierung und Ausbildung dieser Fachkraft durchgeführt wird, damit sie diese als Werkzeug für die Erziehung und den Aufbau des Friedens nutzen kann. Der Erzieher hat in der Ausübung der Pädagogik eine breitere Funktion als das Unterrichten der im Lehrplanraster enthaltenen Fächer, er/sie hat eine wesentliche Rolle in der Bürgerbildung der Kinder und Jugendlichen, folglich im Aufbau einer gerechten und friedlichen Gesellschaft115. Der große Schriftsteller Paulo Freire stellt fest, dass "kein pädagogisches Handeln ohne eine Reflexion über den Menschen und eine Analyse seiner kulturellen Bedingungen auskommt. Es gibt keine Bildung außerhalb menschlicher Gesellschaften und es gibt keine isolierten Menschen "116.

Paulo Freire erklärt auch, dass der Pädagoge eine Quelle der Veränderung ist, der die Macht hat, die Gesellschaft und die vorherrschende Kultur zu verändern, zum Beispiel die Kultur der Gewalt, die in den Schulen vorherrscht, in eine Kultur des Friedens zu verwandeln. Der Pädagoge muss sich dieser Macht und der daraus resultierenden Pflicht, diese zu fördern, bewusst sein

113ROSENBERG, Marshall B. *Gewaltfreie Kommunikation*: Techniken zur Verbesserung persönlicher und beruflicher Beziehungen. São Paulo: Ágora, 2006.
114BRASIL. Verfassung (1988). Verfassung der Föderativen Republik Brasilien. Brasília, DF: Föderaler Senat. Saraiva, 2015.
115SILVA, Isabel Cristina Martins. *Die Implementierung von Restorative Justice als Friedenskultur in öffentlichen Schulen in der Stadt Santa Maria/RS*. Artikel veröffentlicht in den Annalen der Akademischen Woche FADISMA ENTREMENTES. Ausgabe12, Jahr2015Direito.
116FREIRE, Paulo. *Educação e mudança*. 24. Aufl. Rio de Janeiro: Paz e Terra, 1979.

Veränderungen, durch kleine Taten, die die Erziehung zum Frieden festigen. Obwohl der Wandel ein schwieriger Prozess ist, weil alles, was neu und unbekannt ist, dazu neigt, auf den Widerstand der Bevölkerung zu stoßen, muss der Pädagoge seine Rolle bei der Transformation von Paradigmen annehmen und wissen, dass sie möglich ist117. Paulo Freire stellt klugerweise fest, dass meine Rolle in der Welt als neugierige und intelligente Subjektivität, die sich in die Objektivität einmischt, mit der ich mich dialektisch in Beziehung setze, nicht nur die eines Beobachters dessen ist, was geschieht, sondern auch die eines Intervenierenden als Subjekt der Ereignisse. Ich bin nicht nur das Objekt der Geschichte, sondern auch ihr Subjekt. In der Welt der Geschichte, der Kultur, der Politik beobachte ich nicht, um mich anzupassen, sondern um zu verändern. In der physischen Welt selbst führt mich meine Beobachtung nicht zur Ohnmacht. Das Wissen über Erdbeben hat eine ganze Technik entwickelt, die uns hilft, sie zu überleben. Wir können sie nicht eliminieren, aber wir können den Schaden, den sie uns zufügen, mindern. Durch das Beobachten werden wir fähig, in die Realität einzugreifen, eine Aufgabe, die unvergleichlich komplexer ist und neues Wissen generiert, als wenn wir uns einfach nur an sie anpassen. Das ist auch der Grund, warum mir die naive oder, schlimmer noch, schlaue neutrale Position desjenigen, der studiert, sei es der Physiker, der Biologe, der Soziologe, der Mathematiker oder der pädagogische Denker, weder möglich noch akzeptabel erscheint. Niemand kann auf neutrale Art und Weise in der Welt, mit der Welt und mit anderen sein. Ich kann nicht mit Handschuhen auf der Welt sein und nur beobachten. Die Aufnahme ist für mich nur der Weg zur Einfügung, die eine Entscheidung, eine Wahl, ein Eingreifen in die Realität impliziert.

Paulo Freire betont auch die Notwendigkeit, dass der Pädagoge sowie die gesamte Schulgemeinschaft die emotionalen und menschlichen Faktoren und die Harmonie des schulischen Umfelds wertschätzen und sich darum kümmern, denn er glaubt, dass das Unterrichten auch Freude und Hoffnung erfordert. Nach dem Bericht des Autors hat meine Auseinandersetzung mit der pädagogischen Praxis, bewusst politisch, moralisch, gnosiologisch, nie aufgehört, mit Freude zu geschehen, was nicht heißt, dass ich sie ausnahmslos in den Schülern erzeugen konnte. Aber ich habe nie aufgehört, mich damit zu beschäftigen, als Klima oder Atmosphäre des pädagogischen Raumes119.

Nach Kay Pranis sind Friedenskreise die geeignetsten und effektivsten Instrumente bei der Anwendung von Restorative Justice in Schulen, da der Kreis das Individuum wertschätzt, einen sicheren Raum für Lernen und Dialog auf friedliche Weise schafft. Auch die Lehrer können den Schülern während der Prozedur besser zuhören, was bei einem Gespräch außerhalb des Kreises schwierig wäre, weil die Schüler oft alle zusammen und in einem

---

117FREIRE, Paulo. *Pedagogia da autonomia:* saberes necessários à prática educativa. São Paulo: Paz e Terra, 1996.
118Idem   119Idem .

ungeordnet und behindert so die Kommunikation. Durch das Kreisverfahren entsteht ein Vertrauens- und Sicherheitsverhältnis zwischen den Teilnehmern, und viele Schüler können ihre Gefühle und Ängste leichter ausdrücken, so dass Konflikte effektiv gelöst werden können und keine neuen entstehen. Durch die restaurativen Verfahren entdecken die Schüler eine neue Art der Konfliktlösung, da "der Kreis zu einem wesentlichen Werkzeug wird, um Wissen zu vermitteln, ein Forum des reflektierenden Dialogs zu schaffen und die Anwendung kreativer und friedlicher Lösungen für Konflikte anzuregen. Die Möglichkeiten sind endlos "[120].

Trotz der Positionen, die dem restaurativen System entgegenstehen, sind sie in einen Alltag eingetaucht, der auf einem autoritären pädagogischen Disziplinarsystem basiert, in dem es einen Antagonismus zwischen Schülern, Lehrern und anderem Personal gibt. Obwohl diese Personen nur widerwillig glauben, dass ein zirkuläres Verfahren in der Lage ist, die Einstellung eines Kindes innerhalb der Schule zu ändern, sind sie eine echte und effektive Alternative, um die Veränderung der Beziehungen in der Schule zu gewährleisten, da sie ein friedlicheres Umfeld ermöglichen, in dem die Schüler die Schulbehörden respektieren und sich von ihnen respektiert fühlen[121]. Laut Bob Costello, Joshua Wachtel und Ted Wachtel, stellen Kreise eine echte Alternative dar. Der Kreis steht für eine grundlegende Veränderung im Verhältnis zwischen Schülern und Autoritätspersonen. Es schafft eine kooperative Atmosphäre, in der die Schüler Verantwortung für ihr Handeln übernehmen. Schüler reagieren, weil sie sich respektiert fühlen und wahrnehmen, dass das, was sie sagen, von Bedeutung ist[122].

Darüber hinaus betont Howard Zehr, wie wichtig es ist, das restaurative Verfahren an das schulische Umfeld anzupassen, da es nicht nur eine Art von Friedenskreis gibt, sondern dieser je nach den zu erfüllenden Bedürfnissen, dem Umfeld und den teilnehmenden Personen aufgebaut werden kann, wobei immer die Prinzipien der Restorative Justice und der Kultur des Friedens beachtet werden müssen. So sind Schulen zu einem wichtigen Ort für die Anwendung von restaurativen Praktiken geworden. Trotz vieler Ähnlichkeiten mit Restorative-Justice-Programmen im strafrechtlichen Bereich, sind die Ansätze, die in

[120]PRANIS, Kay. *Kreislaufprozesse: Theorie und Praxis*. São Paulo: Palas Athena, 2010. Übersetzung: Tônia Van Acker.
[121]COSTELLO, Bob; WACHTEL, Joshua; WACHTEL, Ted. *Restorative Circles in Schools*: Building a Sense of Community and Enhancing Learning. Bethlehem: International Institute for Restorative Practices, 2012.
[122]Idem.

Der pädagogische Kontext muss notwendigerweise mit den Konturen der schulischen Umgebung übereinstimmen123.

Sogar Teilnehmer Nummer 1 der Feldforschung, eine in restorativen Praktiken ausgebildete Pädagogin, berichtete, dass sie, als sie das Friedenskreisverfahren in ihrer Kinderklasse durchführte, Anpassungen vornahm, um es für ihre Schüler altersgerechter zu machen. Sie wies darauf hin, dass die Kinder auf dem Boden sitzen sollten und die Zeit für Konzentration und Reflexion reduziert wurde. Der erwähnte Bericht wurde in der Studiengruppe über Restorative Justice erstellt, die vom Regionalen Justizpromotor für Bildung von Santa Maria mit der Unterstützung von FADISMA gefördert wurde. Diese Studiengruppe ist eine Entfaltung des Einführungskurses über restaurative Praktiken, der vom regionalen Bildungsförderer von Santa Maria gefördert wird und der für Bildungsfachleute und das Netzwerk für integralen Kinder- und Jugendschutz aus allen Gemeinden, in denen der regionale Bildungsförderer von Santa Maria tätig ist, angeboten wird.Außerdem nahm die Forscherin nur einmal, am 8. März 2016, an einer Sitzung dieser Studiengruppe teil, in der die oben erwähnte Feldforschung durchgeführt wurde, eine Gelegenheit, bei der sie die Forschung in quantitativer und qualitativer Form durchführte und aktiv an der Studiengruppe teilnahm, indem sie die vorgeschlagenen Aktivitäten durchführte. Es wurden zwei Fragebögen verteilt (Anhang A und B) und Interviews durchgeführt, die sich mit der Bedeutung und Wirksamkeit der Anwendung von Restorative Justice bei der Lösung und Prävention von Schulkonflikten befassten, die in der zentralen Region von Rio Grande do Sul zwischen den Jahren 2014 und 2016 aufgetreten sind. Der erste Fragebogen konzentrierte sich jedoch auf persönliche und individuelle Fragen der Teilnehmer zum Thema, zusätzlich zur Charakterisierung einer quantitativen Forschung, mit vordefinierten Antwortmöglichkeiten. Während der zweite Fragebogen eine allgemeinere Analyse des Themas lieferte, weshalb er nur mit den Verwaltungsbehörden der zentralen Region von Rio Grande do Sul durchgeführt wurde, so dass es möglich war, auch eine breitere und unpersönliche Sichtweise der Restorative Justice als Werkzeug zur Lösung und Prävention von Schulkonflikten zu erhalten, so dass dies eine qualitative Forschung charakterisierte, beantworteten die Teilnehmer frei die

---

[123]ZEHR, Howard. *Restorative Justice*: Theorie und Praxis. São Paulo: Palas Athena, 2012. Originaltitel: The Little Book os Restorative Justice. Übersetzung: Tônia Van Acker.

Der 2. Fragebogen (Anhang B) wurde auf zwei verschiedene Arten angewandt, wobei nur die 7 anwesenden Führungskräfte befragt wurden, einige dieser Führungskräfte beantworteten die Fragen schriftlich, während andere im Anschluss an diesen Fragebogen interviewt wurden, aus Gründen der Zeit und Bequemlichkeit der Teilnehmer, aber alle beantworteten mündlich oder schriftlich individuell. Mit Hilfe des ersten Fragebogens (Anhang A) wurden 25 Fachleute im Bereich des Bildungs- und Schutznetzwerks befragt, darunter Lehrer, Vormundschaftsberater, Psychologen, Sozialarbeiter und Bedienstete der Stiftung für sozialpädagogische Betreuung (FASE) aus den Gemeinden von Faxinal do Soturno, Santa Maria, São Vicente do Sul, São João do Polêsine, Paraíso do Sul, São Gabriel, Jaguari, Tupanciretã, Toropi, Pinhal Grande, Jarí, Caçapava do Sul, São Francisco de Assis e Manoel Viana wurden die in dieser Untersuchung erzielten Ergebnisse in Diagrammen dargestellt. Alle Fachleute, die an der Forschung teilnahmen, insgesamt 25 Personen, hatten den Trainingskurs über restaurative Praktiken besucht und durch diese Studiengruppe haben sie die Möglichkeit, ihr theoretisches Wissen zu vertiefen und auch ihre Zweifel, Ängste und Erfahrungen mit der praktischen Anwendung von Restorative Justice zu lösen.

Laut der Umfrage (Grafik 1) antworteten 100% der Teilnehmer, dass sie die Anwendung von Restorative Justice bei der Lösung und Prävention von Konflikten als wichtig für das Schulumfeld erachten. Auch die Teilnehmerin Nummer 2, berichtete, dass nach ihrer persönlichen und beruflichen Erfahrung die restaurativen Praktiken wesentliche Werkzeuge für den Aufbau der Kultur des Friedens sind. Im Jahr 2016 hielt diese Teilnehmerin in der Einrichtung, in der sie arbeitet, einen Friedenskreis ab, um die Eltern in die Schule zu integrieren und darüber hinaus engere und affektivere Bindungen zwischen all jenen zu schaffen, die an der Schulgemeinschaft beteiligt sind, um so ein harmonischeres, friedlicheres und produktiveres Schulumfeld zu schaffen.

KARTE 1 - Analyse der Bedeutung der Anwendung von Restorative Justice bei Schulkonflikten in der zentralen Region von Rio Grande do Sul - Brasilien, 2016.

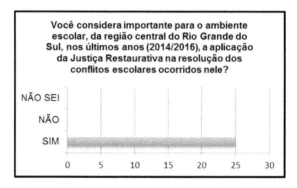

Quelle: Erstellt vom Autor basierend auf den Ergebnissen der Interviews. 2016

Es gab auch die Frage, ob die Teilnehmer die Anwendung von Restorative Justice in Schulkonflikten erlebt hatten, die in der zentralen Region von Rio Grande do Sul zwischen den Jahren 2014 und 2016 aufgetreten waren, und wenn sie diese Anwendung erlebt hatten oder einen Fall von Schulkonflikt kannten, wo eine solche Anwendung auftrat und was der Grad der Wirksamkeit war, um den aufgetretenen Schulkonflikt zu lösen. Nach den erhaltenen Ergebnissen, die in den Diagrammen 2 und 3 dargestellt sind, kommt man zu dem Schluss, dass 84% der Personen ein solches angewandtes Verfahren direkt erlebt haben, und von diesen Personen, zusammen mit denjenigen, die nur über die Anwendung von Restorative Justice in Schulkonflikten durch andere Mittel wussten, es aber nicht direkt miterlebt haben, hielten 68% den Grad der Effektivität dieser Anwendung für hoch und andere 28% für durchschnittlich, mit niemandem, der sie für niedrig hielt. Nur 4 % von ihnen hatten keinen direkten oder indirekten Kontakt mit solchen konkreten Fällen.

KARTE 2 - Analyse der Anwendung von Restorative Justice bei Schulkonflikten in der zentralen Region von Rio Grande do Sul - Brasilien, 2016.

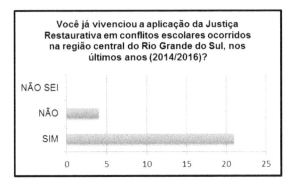

Quelle: Erstellt vom Autor basierend auf den Ergebnissen der Interviews. 2016

KARTE 3 - Analyse der Wirksamkeit der Anwendung von Restorative Justice bei Schulkonflikten in der zentralen Region von Rio Grande do Sul - Brasilien, 2016.

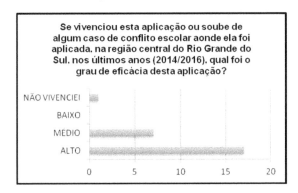

Quelle: Erstellt vom Autor basierend auf den Ergebnissen der Interviews. 2016

Darüber hinaus wurden diejenigen, die die Anwendung von Restorative Justice in der Zentralregion von Rio Grande do Sul zwischen den Jahren 2014 und 2016 erlebt haben oder von einem schulischen Konfliktfall wussten, gefragt, ob es eine Verbesserung im Schulumfeld insgesamt gegeben hat. Die Antworten (Grafik 4) waren zu 92%, dass ja, eine Verbesserung im Schulumfeld eingetreten ist, nur 4% antworteten mit nein und 4% beantworteten die Frage nicht. Es wurde also nachgewiesen, dass

dass laut den Teilnehmern der Untersuchung in der überwiegenden Mehrheit der Fälle, in denen restaurative Praktiken als Werkzeuge zur Lösung und Prävention von Schulkonflikten eingesetzt werden, ein harmonisches Umfeld aufgebaut wird, das auf Dialog und der Kultur des Friedens basiert. Daraus wird gefolgert, dass es einen Bedarf gibt, die Trainingsprojekte über restaurative Praktiken von Bildungsfachleuten und im Allgemeinen zu erweitern, da die von den Teilnehmern der Studiengruppe berichteten Ergebnisse positiv sind.

KARTE 4 - Analyse der Auswirkungen, im schulischen Umfeld, der Anwendung von Restorative Justice bei Schulkonflikten, in der zentralen Region von Rio Grande do Sul - Brasilien, 2016.

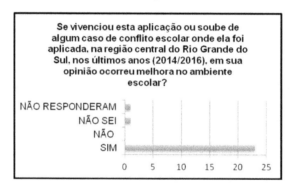

Quelle: Erstellt vom Autor basierend auf den Ergebnissen der Interviews. 2016

Des Weiteren wurden die Teilnehmer gefragt: "Wenn Sie diese Anwendung erlebt haben oder einen Fall von Schulkonflikten kennen, in dem sie angewendet wurde, in der zentralen Region von Rio Grande do Sul, in den letzten Jahren (2014/2016), würden Sie die Anwendung von Restorative Justice bei der Lösung von Schulkonflikten angeben? Alle Befragten, die diese Frage beantworteten, taten dies mit "Ja", wie in Grafik 5 dargestellt. Durch die Veranschaulichung der Ergebnisse, die sie in ihrer beruflichen und persönlichen Erfahrung über Restorative Justice in Schulen erhalten haben, glauben die Teilnehmer an Friedenspraktiken als einen Weg, eine menschlichere und gerechtere Gesellschaft zu schaffen und weisen auf eine solche Anwendung für andere Pädagogen und Schulumgebungen hin.

KARTE 5 - Analysemöglichkeit zur Angabe der Anwendung von Restorative Justice bei Schulkonflikten, in der zentralen Region von Rio Grande do Sul - Brasilien, 2016.

KEINE ANTWORT
ICH WEISS ES NICHT
NEIN JA

0510152

Quelle: Erstellt vom Autor basierend auf den Ergebnissen der Interviews. 2016

Wie bereits erwähnt, wurden in der gleichen Veranstaltung die Interviews mit den leitenden Behörden des Bildungswesens in der zentralen Region von Rio Grande do Sul durchgeführt, entsprechend dem Fragebogen in Anhang B. Es wurden insgesamt sieben Personen befragt. Zunächst ging es im Dialog um das Ausmaß der Anwendung von Restorative Justice bei der Lösung von Schulkonflikten, die in der Region ihres Wirkens zwischen den Jahren 2014 und 2016 aufgetreten sind. Teilnehmerin Nummer 4 sagte, dass die Anwendung restaurativer Praktiken in ihrer Stadt insbesondere die frühkindliche Bildung umfasst, wobei Kinder, Eltern, Lehrer und Personal einbezogen werden. Der Teilnehmer Nummer 3 sprach an, dass die Anwendung von Restorative Justice in Schulen im Bundesstaat Rio Grande do Sul allmählich wächst, durch Kurse, wie die erfahrenen, für die Ausbildung von Multiplikatoren der restaurativen Praktiken. Der Trainingsempfänger ist nicht nur ein Anwender von Restorative Justice, sondern auch eine Quelle des Wissens und durch sein Handeln ist er auch ein Multiplikator von Friedenspraktiken, indem er sie an Schüler, Mitarbeiter und die Gemeinschaft im Allgemeinen weitergibt und so eine Kultur des Friedens schafft und pflegt. Von der Gesamtzahl der Befragten gaben vier an, dass sie die restaurativen Praktiken durch das Projekt, das diese Studiengruppe förderte, kennengelernt haben und in den Treffen die notwendige Ausbildung erhielten, um Multiplikatoren der restaurativen Praktiken in ihren Gemeinden zu sein. Während der Studiengruppe legten zwei Teilnehmer Fakten offen, die das Wachstum von Restorative Justice und das Interesse der Gemeinschaft, es zu kennen und anzuwenden, zeigen. Es wurde von Teilnehmer Nummer 5 berichtet, dass die höhere Bildungseinrichtung Centro Universitário Internacional (UNINTER) einen Bildungssekretär mit einer Ausbildung in Restorative Justice eingeladen hat, um ein Fach in ihren Abschlussklassen des Pädagogikkurses zu unterrichten. Diese Gelegenheit, restaurative Praktiken in einen Ausbildungskurs in Pädagogik einzufügen, ist sehr wichtig für das Wachstum der Anwendung restaurativer Praktiken in der Region, da die Studenten der Grundausbildung in Pädagogik in eine Lernumgebung eingefügt werden, die empfänglicher für neue Ideen ist und kulturelle Paradigmen der Gewalt zu brechen. Laut Teilnehmer Nummer 6 in Agudo lud die Gesellschaft für technische Unterstützung und ländliche Beratung (Emater/RS-Ascar) einen der Beamten mit einer Ausbildung in "Restorative Justice" in den Bezirk ein, um zu lehren und einen Friedenskreis mit einer Gruppe von Landarbeiterführern aus benachbarten Gemeinden abzuhalten. Das Verfahren war ein Erfolg und wurde von den Teilnehmern beklatscht, die sehr daran interessiert waren, die Friedenspraktiken zu erlernen und zu multiplizieren. Darüber hinaus wurden die Manager gefragt, ob sie es für wichtig hielten, Restorative Justice bei der Lösung von Schulkonflikten anzuwenden, was die Vorteile und der Grad der Wirksamkeit einer solchen Anwendung seien. Die Befragten berichteten, dass sie an die Bedeutung der Anwendung von Restorative Justice bei der Förderung einer Kultur des Friedens in Schulen glauben, um Konflikte friedlich zu lösen. Einige von ihnen berichteten, dass die Anwendung von Restorative Justice in ihren Arbeitsumgebungen bereits mehrere positive Effekte hervorgebracht hat, und einige der erzählten Vorteile: die Abnahme der Anzahl von Kämpfen unter den Schülern, die Verbesserung der Beziehung und des Dialogs zwischen Eltern und der Leitung und unter dem Lehrpersonal selbst, neben der Verbesserung der Produktivität der Schüler.In einem Fall, inklusive, der von Teilnehmer 6 erzählt wurde, suchten die Schüler selbst, die einen Konflikt erlebten, sie auf und baten um die Durchführung eines restorativen Prozesses. Es wird also wahrgenommen, dass die Schüler beginnen, einen neuen Weg zur Lösung von Konflikten zu sehen, durch Kooperation und friedlichen Dialog, wobei sie sich gestärkt fühlen und lernen, Autonomie, Verantwortung und Selbstdisziplin zu haben. Außerdem werden diese Kinder und Jugendlichen in Zukunft wahrscheinlich Multiplikatoren der Culture of Peace sein.Obwohl die meisten Berichte positiv sind, war die Sorge der Befragten über die Effektivität und Kontinuität der restorativen Praktiken fast einhellig. Selbst mit der Realisierung dieses Trainingskurses, der ein

Netzwerk der Friedenskultur bildet, das restaurative Praktiken propagiert, geben die in den Kursen ausgebildeten Fachleute oft aus persönlichen Gründen oder aus Mangel an Anreizen in ihren Bezirken keine Kontinuität in die Praktiken und mit der Zeit geht das Wissen verloren. In Anbetracht dieser Problematik schlugen die Befragten vor, dass es neben dem Anreiz und der Anerkennung der Bedeutung restaurativer Praktiken in den Schulen und in der Gesellschaft notwendig ist, dass die Kurse und Treffen häufiger stattfinden, da sie eine Quelle des Anreizes, des Wissens und der Kraft sind, so dass die Teilnehmer zu Multiplikatoren der Tatsache werden und in ihrer Gemeinschaft beim Aufbau der Kultur des Friedens etwas bewirken können.Darüber hinaus wurden auch Fälle von Menschen berichtet, die viel Widerstand gegen die Anwendung von Restorative Justice leisten, einige aus persönlichen Gründen, aber nach Meinung der Befragten die meisten, weil sie nicht wissen, was Restorative Justice ist und welche zahlreichen Vorteile es bietet. Auf diese Weise wird vorgeschlagen, das Ausbildungsnetzwerk von Multiplikatoren restaurativer Praktiken zu erweitern, um diesen Menschen die notwendigen Informationen zu garantieren, damit Restorative Justice in der zentralen Region von Rio Grande do Sul noch mehr wächst. Dennoch hängt die Konsolidierung der Erziehung zum Frieden durch Restorative Justice von den Handlungen jedes Einzelnen ab, denn jeder Einzelne hat eine grundlegende Rolle als Multiplikator der Kultur des Friedens und Erbauer einer gerechteren und menschlicheren Gesellschaft. Es wird nicht als notwendig erachtet, dass der Einzelne große Taten von nationalem, staatlichem und sogar kommunalem Ausmaß begeht, sondern nur kleine Taten, die von dem freien und aufrichtigen Willen geleitet werden, die Dinge zu ändern und die Kultur der Gewalt zu beenden. Daher machen kleine Einstellungen in diesem Sinne den ganzen Unterschied aus, um die aktuelle Situation zu verändern, d.h., wie einer der Teilnehmer der Studiengruppe sagte; "wir müssen kleine und feste Schritte in Richtung einer Kultur des Friedens machen".Schließlich ist die Anwendung von Restorative Justice in Schulen von größter Wichtigkeit, da dies ein Umfeld ist, in dem sich junge Menschen in ihrer intellektuellen und moralischen Entwicklung befinden, was dazu beiträgt, das Aufbrechen des kulturellen Paradigmas der Gewalt, das die Gesellschaft beherrscht, zu fördern. Darüber hinaus ist nach der durchgeführten Forschung klar, dass die Anwendung von Restorative Justice in der zentralen Region von Rio Grande do Sul sich trotz einiger Rückschläge als erfolgreich und effektiv erweist, da es zahlreiche konsolidierte Vorteile in diesem Bereich gibt.

SCHLUSSBEMERKUNGEN

Während der Forschung wurde die historische Entwicklung von Restorative Justice aufgezeigt, und zwar im Hinblick auf ihr Konzept, ihre Verfahren, Werte und Prinzipien. Durch diese Studie wurde herausgefunden, dass Restorative Justice, wenn es im Bildungsbereich angewendet wird, sehr vorteilhaft für das schulische Umfeld und für diejenigen sein kann, die es zusammensetzen, wobei der Pädagoge ein Protagonist und Erbauer dieser Kultur des Friedens ist. Dennoch wird durch die durchgeführte Forschung gefolgert, dass nach Ansicht der untersuchten Teilnehmer die Anwendung von restaurativen Praktiken in Schulkonflikten, die in der zentralen Region von Rio Grande do Sul zwischen den Jahren 2014 und 2016 aufgetreten sind, sich als effektiv und von größter Bedeutung für die Bereitstellung von jungen Menschen mit einer angemessenen moralischen und intellektuellen Erziehung erweist, was ihre Implementierung rechtfertigt. Obwohl ein solcher Prozess langsam und mühsam ist, sollte man nicht aufgeben oder die Bedeutung von restaurativen Praktiken in Schulen abwerten, wenn man die Handlungen zur Prävention und Lösung von Konflikten betrachtet.

Während der Ausarbeitung dieser Studie, besonders in Bezug auf die Teilnahme an der Veranstaltung, bei der die Feldforschung durchgeführt wurde, wurde klar, dass die Konsolidierung der Erziehung zum Frieden durch Restorative Justice von den Handlungen jedes Einzelnen abhängt, da jeder Mensch eine grundlegende Rolle als Multiplikator der Kultur des Friedens und Erbauer einer gerechteren und humaneren Gesellschaft hat. So war die Teilnahme an dieser Studiengruppe und die Erstellung dieses Dokuments eine sehr konstruktive Erfahrung, nicht nur aus akademischer und intellektueller Sicht, sondern auch aus menschlicher und persönlicher Sicht.

Darüber hinaus konnte während der Studiengruppe beobachtet werden, dass es einige Fälle gibt, in denen Restorative Justice nicht angewendet werden kann, aber trotzdem können restaurative Friedenspraktiken, wenn sie im Alltag eingehalten werden, einen erheblichen Unterschied machen. Ein Unterschied, den wir oft nicht erkennen, ohne genauer hinzuschauen, der aber die Kultur des Friedens aufbaut. Wie ein kleiner Ziegelstein in einem großen Bauwerk, der nicht alles ist, aber er ist ein Anfang und ohne ihn wird nichts gebaut werden.

Viele sind sich der restorativen Praktiken nicht bewusst, entweder aus persönlichen Gründen, aus Mangel an Gelegenheit, sie kennenzulernen, oder weil sie stark in die aktuelle Kultur der Gewalt eingebunden sind. Obwohl während der Untersuchung festgestellt wurde, dass sich viele gegen die Anwendung und das Wissen über Restorative Justice sträuben, wurde mit großem Stolz festgestellt, dass die Bildungseinrichtung FADISMA sehr engagiert ist, das Netzwerk der Anwendung von Restorative Justice zu stärken, sowie die Lehre dieser Praktiken zu fördern und die Bedeutung dieses Zweiges des Rechts in unserer Gesellschaft erkennt.

Schließlich wird davon ausgegangen, dass Restorative Justice ein wichtiges Werkzeug für den Aufbau einer Kultur des Friedens und einer menschlicheren und gerechteren Gesellschaft ist. Es schlägt neben anderen wesentlichen Werten den gegenseitigen Respekt vor und setzt sich aus einer Reihe von Maßnahmen zusammen, die, wenn sie vereint werden, eine bessere Zukunft sowohl für Kinder und Jugendliche im schulischen Umfeld als auch für alle Personen, die beleidigt sind und Straftaten begehen, also für die Gesellschaft als Ganzes, schaffen können.

REFERENZEN

AMSTUTZ, Lorraine; MULLET, Judy. *Theorie und Praxis*: Restorative Discipline für Schulen. São Paulo: Palas Athena, 2012.

VEREINIGUNG DER RICHTER VON RIO GRANDE DO SUL (AJURIS). *Über AJURIS*. Verfügbar unter:<http://www.ajuris.org.br/categorias/s1-institucional/c1-about-ajuris/>. Zugriff am: 01. Dez. 2015.

BARBOSA, Laryssa Vicente Kretchetoff ; DURAN, Lais Baptista Toledo. *Ein neues Konzept der Gerechtigkeit:* Restorative Justice. Artikel veröffentlicht in der Online-Zeitschrift Web Artigos. Verfügbar unter: < http://www.webartigos.com/artigos/um-novo-conceito-de- justica-a-justica-restaurativa/131027/>. Zugriff am: 02. Dez. 2015.

BRANCHER, Leoberto. *Gerechtigkeit für das 21. Jahrhundert*: Die Einführung restaurativer Praktiken. Manual de Práticas Restaurativas / [Projekt] Justiça para o Século 21: Instituindo Práticas Restaurativas. Porto Alegre, RS, 2008.

————. *Gerechtigkeit für das 21. Jahrhundert*: Die Einführung restaurativer Praktiken. Initiation in Restorative Justice: Training von Führungskräften zur Konflikttransformation / [Projekt] Justice for the 21st Century: Instituting Restorative Practices. Porto Alegre, RS, 2008.

BRASILIEN. *Verfassung (1988)*. Verfassung der Föderativen Republik Brasilien. Brasília, DF: Föderaler Senat. Saraiva, 2015.

————. Gesetz n. 8.069, vom 13. Juli 1990. Estatuto da Criança e do Adolescente. Saraiva, 2015.

————. Gesetz 12.594 vom 18. Januar 2012. Saraiva, 2015.

BREDOW, Suleima; PRETTO, Deise dos Santos. *Der restaurative Zirkel in der Hochschulausbildung* - sind die Plätze besetzt? Verfügbar unter: < http://www.unifra.br/eventos/sepe2012/Trabalhos/7010.pdf > Zugriff am: 10. Dez. 2015.

WIRTSCHAFTS- UND SOZIALRAT DER NATIONEN UNITED NATIONS (ECOSOC).Resolution 2002/12 vom 24. Juli 2002. Verfügbar unter: < http://www.justica21.org.br/j21.php?id=366&pg=0#.Vl4cN9KrTIU>. Zugriff am: 01. Dez. 2015.

NATIONALER RAT DER JUSTIZ. *Die Gerichte genehmigen acht nationale Ziele für 2016 und neun spezifische Ziele*. Verfügbar unter: < http://www.cnj.jus.br/noticias/cnj/81039- tribunais-aprovam-oito-metas-nacionais-taras-para-2016-e-nove-especificas>. Zugriff am: 09. Dez. 2015.

————. Beschluss Nº 225 vom 31/05/2016. Verfügbar unter: < http://www.cnj.jus.br/busca-atos-adm?documento=3127>. Zugriff am: 07 jun. 2016.

COSTELLO, Bob; WACHTEL, Joshua; WACHTEL, Ted. *Restorative Circles in Schulen*: Aufbau eines Gemeinschaftsgefühls und Verbesserung der Schule aprendizado. Bethlehem: International Institute for Restorative Practices, 2012.

————. *Restorative Practices Handbook*: für Lehrkräfte, Disziplinarbeauftragte und Administratoren in Bildungseinrichtungen. Bethlehem: International Institute for Restorative Practices, 2012.

CRUZ , Rafaela Alban. *Restorative Justice:* ein neues Modell der Strafjustiz. Artikel veröffentlicht in der offiziellen Online-Rechtszeitschrift von IBCCRIM Tribuna Virtual. Verfügbar unter: < http://www.tribunavirtualibccrim.org.br/artigo/11-Justica-Restaurativa:-um-novo-model-de-Justica-Criminal> . Zugriff am: 09. Dez. 2015.

AJURIS PRESSE- UND KOMMUNIKATIONSABTEILUNG. *Behörde Welt in Restorative Justice nimmt an diesem Freitag an einer Videokonferenz teil.* Verfügbar unter:< http://www.ajuris.org.br/2015/11/19/autoridade-mundial-em-justica-restaurativa-participa-de-videoconferencia-nesta-sexta/>. Zugriff am: 10 dez. 2015.

————. *Justiça Restaurativa:*ações da Magistratura gaúcha são ressaltadas pela-ma ma maior autoridade-mundial na prática. Verfügbar unter:<http://www.ajuris.org.br/2015/11/24/justica-restaurativa-acoes-da-magistratura- gaucha-sao-resaltadas-pela-ma maior-authoridade-mundial-na-pratica/>. Zugriff am: 10 dez. 2015.

RECHTSFAKULTÄT VON SANTA MARIA. Central de Notícias. Erhältlich bei: < http://www.fadisma.com.br/noticias/?busca=Justi%C3%A7a+Restaurativ>. Zugriff am: 10. Dez. 2015.

————. Die *Koordination des Studiengangs Recht legt die Stundenpläne für das nächste akademische Semester fest.* Verfügbar unter: < http://www.fadisma.com.br/noticias/coordenacao- do-curso-direito-define-horarios-de-aula-para-o-proximo-semestre-letivo-1714/>. Zugriff am: 10 dez. 2015.

FREIRE, Paulo. *Educação e mudança*. 24. Aufl. Rio de Janeiro: Paz e Terra, 1979.

————. *Pedagogia da autonomia:* saberes necessários à prática educativa. São Paulo: Paz e Terra, 1996.

LARA,Caio Augusto Souza; ORSINI ,Adriana Goulart de Sena. *Zehn Jahre restorative Praktiken in Brasilien:* die Bestätigung der restorativen Justiz als

öffentliche Politik der Konfliktlösung und des Zugangs zur Justiz. Revista Jurídica Responsabilidades.
Verfügbar unter: <
http://www8.tjmg.jus.br/presidencia/programanovosrumos/pai_pj/revista/edicao_02_0
2/08_VerantwortlichkeitenV2N2_Antena01.pdf>. Zugriff am: 10 dez. 2015.

MACHADO, Cláudia. *Kultur des Friedens und wiederherstellende Gerechtigkeit:* in den städtischen Schulen von Porto Alegre. Porto Alegre: Prefeitura Municipal de Porto Alegre und Secretaria Municipal de Educação, 2008.

MINISTERIUM FÜR JUSTIZ VON BRASILIEN. *Zugang zur Justiz durch alternative Konfliktlösungssysteme:*Nationale Kartierung von öffentlichen und nichtstaatlichen Programmen. Brasilien, 2005. Seite 05. Erhältlich bei:
< http://www.acessoajustica.gov.br/pub/_downloads/downloads_acesso_justica.pdf>.
Zugriff am: 09. Dez. 2015.

MOLINO, Fernanda Brusa. *Restorative Justice:* Möglichkeit oder Utopie? Artikel veröffentlicht im Online-Rechtsportal Âmbito Jurídico.com.br.Verfügbar unter: <
http://www.ambitojuridico.com.br/site/index.php?n_link=revista_artigos_leitura&artigo
_id=6689 >. Aktualisiert am: 1. Dezember 2015.

PALLAMOLLA , Raffaella da Porciuncula. *Wiederherstellende Gerechtigkeit*: von der Theorie zur Praxis. São Paulo: IBCCRIM, 2009.

PEREIRA, Claudemir. CIDADANIA. Das *Staatsministerium hat ein regionales Justizamt für Bildung.* Santa Maria ist der Hauptsitz. Verfügbar unter: <
http://www.claudemirpereira.com.br/2014/04/cidadania-ministerio-publico-tem-
promotoria-de-justica-regional-de-educacao-santa-maria-e-a-sede/#axzz3tIufp6KU>.
Zugriff am: 1. Dez. 2015.

PINHO, Rafael Gonçalves. *Restorative Justice:* ein neues Konzept. Elektronische Zeitschrift für Verfahrensrecht - REDP. Band III Zeitschrift des Postgraduiertenstudiengangs Stricto
Sensu em Direito Processual da UERJ.Available at:
< http://www.arcos.org.br/periodicos/revista-eletronica-de-direito verfahren/volume-
iii/justice-restorative-a-new-concept>Zugriff am 1. Dez. 2015.

PRANIS, Kay. *Kreislaufprozesse:* Theorie und Praxis. São Paulo: Palas Athena, 2010. Übersetzung: Tônia Van Acker

PROJEKT JUSTIZ FÜR DAS 21. JAHRHUNDERT: EINFÜHRUNG VON PRAKTIKEN
RESTAURATION. *Verschiedene Länder und Kulturen, die gleiche soziale Unruhe. Rio Grande do Sul.* Erhältlich bei:
< http://www.justica21.org.br/j21.php?id=82&pg=0#.VI4V79KrTIU>. Zugriff am 1. Dez. 2015.

————. *Feier zum 10-jährigen Bestehen von JR in Brasilien mit Howard Zher*. Rio Grande do Sul. Verfügbar unter: < http://www.justica21.org.br/j21.php?id=585&pg=0#.Vmod99IrLIV>. Zugriff am: 1 dez. 2015.

————. *Justiça Restaurativa em Poa*. Rio Grande do Sul. Verfügbar unter: < http://www.justica21.org.br/j21.php?id=89&pg=0#.Vmn4btIrLIU>. Zugriff am: 1 dez. 2015.

————. *Was ist Restorative Justice?* Rio Grande do Sul. Verfügbar unter: < http://www.justica21.org.br/j21.php?id=25&pg=0#.Vmoco9IrLIV>. Zugriff am: 1 dez. 2015.

PRUDENTE, Neemias Moretti. *Restorative Justice und brasilianische Erfahrungen*. In: SPENGLER, Fabiana Marion; LUCAS, Doglas Cesar (Org.). Restorative Justice und Mediation: Öffentliche Maßnahmen bei der Behandlung sozialer Konflikte. Ijuí: Editora Ijuí, 2011.

ROSENBERG, Marshall B. *Gewaltfreie Kommunikation:* Techniken zur Verbesserung persönlicher und beruflicher Beziehungen. São Paulo: Ágora, 2006.

SILVA , Isabel Cristina Martins. *Die Implementierung von Restorative Justice als Friedenskultur in öffentlichen Schulen in der Stadt Santa Maria/RS*. Artikel veröffentlicht in den Annalen der Akademischen Woche FADISMA ENTREMENTES. Ausgabe12
Jahr2015Gesetz.

SANTA MARIA TV. *Video. Interview* Santa Maria Agora - 15. Oktober - Staatsministerium - Bildung, mit der Beraterin Cristina Martins und der Staatsanwältin Rosângela Correa da Rosa, beide vom Regionalbüro des Förderers der Bildung. Verfügbar unter: < https://www.youtube.com/watch?v=N0iKmq5XhMQ&feature=youtu.be>. Zugriff am: 10 dez. 2015.

YOU TUBE. *Ist es vorbei, Jessica? Offiziell.* Verfügbar unter: < https://www.youtube.com/watch?v=cXSNcsHJ1I4>. Zugriff am: 13 jun. 2016.

ZEHR, Howard *apud* DEPARTMENT OF COMMUNICATION AND AJURIS PRESS. *Restorative Justice:*Aktionen der Magistratura gaucha werden von der weltweit größten Autorität in der Praxis hervorgehoben. Verfügbar unter:<http://www.ajuris.org.br/2015/11/24/justica-restaurativa-acoes-da-magistratura- gaucha-sao-resaltadas-pela-ma maior-authoridade-mundial-na-pratica/>. Zugriff am: 10 dez. 2015.

ZEHR, Howard. *Justiça restaurativa*: teoria e prática. São Paulo: Palas Athena, 2012. Originaltitel: The Little Book os Restorative Justice. Übersetzung: Tônia Van Acker.

————. *Changing lenses:* ein neuer Fokus auf Kriminalität und Justiz. São Paulo: Palas Athena, 2008. Originaltitel: Chanping lenses: a new focus for crime and justice Übersetzung von Tônia Van Acker.

APPENDIX A - Erster Fragebogen der Feldforschung

FAKULTÄT FÜR RECHTSWISSENSCHAFTEN VON SANTA MARIA (FADISMA)
STUDIENGANG RECHTSWISSENSCHAFTEN

Sehr geehrter Interviewpartner, die folgenden Fragen beziehen sich auf eine Feldforschung für die Zusammenstellung der Abschlussarbeit (TCC), des Grundstudiums in Rechtswissenschaften an der Juristischen Fakultät von Santa Maria (FADISMA), deren Ziel es ist, eine Analyse über die Anwendung von Restorative Justice bei der Lösung von Schulkonflikten durchzuführen, die in der zentralen Region von Rio Grande do Sul in den Jahren 2014 bis 2016 aufgetreten sind, sowie die Effektivität und Bedeutung dieser Anwendung.

DATEN VON DER BEFRAGTEN PERSON (A):

Name (optional):

Kommune: Institution:

                     Zeitpunkt der beruflichen Leistung:

QUESTIONNAIRE:

1. Halten Sie die Anwendung von Restorative Justice bei der Lösung von Schulkonflikten, die in den letzten Jahren (2014/2016) in der zentralen Region von Rio Grande do Sul aufgetreten sind, für wichtig für das Schulumfeld?

( ) Ja
( ) Nein
( ) Ich weiß es nicht

2. Haben Sie die Anwendung von Restorative Justice bei Schulkonflikten erlebt, die in der zentralen Region von Rio Grande do Sul in den letzten Jahren (2014/2016) aufgetreten sind?

( ) Ja
( ) Nein
( ) Ich weiß es nicht

3. Wenn Sie diese Anwendung erlebt haben oder von einem Schulkonfliktfall wissen, bei dem sie in der zentralen Region von Rio Grande do Sul in den letzten Jahren (2014/2016) angewendet wurde, wie effektiv war Ihrer Meinung nach die Anwendung von Restorative Justice, um den aufgetretenen Schulkonflikt zu lösen?

( ) Hoch
( ) Niedrig ( ) Mittel
( ) Ich habe nicht erfahren

4. Wenn Sie diese Anwendung erlebt haben oder einen Fall von Schulkonflikten kennen, in dem sie angewendet wurde, in der zentralen Region von Rio Grande do Sul, in den letzten Jahren (2014/2016), gab es Ihrer Meinung nach eine Verbesserung im Schulumfeld, in Bezug auf Harmonie und Frieden unter den Menschen?

( ) Ja
( ) Nein
( ) Ich weiß es nicht

5. Wenn Sie diese Anwendung erlebt haben oder von einem Fall eines Schulkonflikts wissen, in dem sie angewendet wurde, in der zentralen Region von Rio Grande do Sul, in den letzten Jahren (2014/2016), würden Sie die Anwendung von Restorative Justice bei der Lösung von Schulkonflikten angeben?

( ) Ja
( ) Nein
( ) Ich weiß es nicht

FAKULTÄT FÜR RECHTSWISSENSCHAFTEN VON SANTA MARIA (FADISMA)
STUDIENGANG RECHTSWISSENSCHAFTEN

Sehr geehrter Interviewpartner, die folgenden Fragen beziehen sich auf eine Feldforschung für die Zusammenstellung der Abschlussarbeit (TCC), des Grundstudiums in Rechtswissenschaften an der Juristischen Fakultät von Santa Maria (FADISMA), deren Ziel es ist, eine Analyse über die Anwendung von Restorative Justice bei der Lösung von Schulkonflikten durchzuführen, die in der zentralen Region von Rio Grande do Sul in den Jahren 2014 bis 2016 aufgetreten sind, sowie die Effektivität und Bedeutung dieser Anwendung.

DATEN VON DER BEFRAGTEN PERSON (A):

Name (optional):

Kommune (Region):   Einrichtung:

Position: Zeit der beruflichen Leistung:

QUESTIONNAIRE:

1. Sind Sie sich des Ausmaßes der Anwendung von Restorative Justice bei der Lösung von Schulkonflikten bewusst, die in der zentralen Region von Rio Grande do Sul in den letzten Jahren (2014/2016) aufgetreten sind? Wenn ja, beschreiben Sie bitte den Umfang dieser Anwendung.

2. Glauben Sie als Fachkraft und Einzelperson, dass es wichtig ist, Restorative Justice bei der Lösung von Schulkonflikten anzuwenden, die in der zentralen Region von Rio Grande do Sul in den letzten Jahren (2014/2016) aufgetreten sind? Warum glauben Sie das?

3. Wissen Sie über die Wirksamkeit von Restorative Justice bei der Lösung von Schulkonflikten, die in der zentralen Region von Rio Grande do Sul in den letzten Jahren (2014/2016) aufgetreten sind? Wenn ja, sprechen Sie bitte über diese Wirksamkeit.

4. In Anbetracht der möglichen Wirksamkeit der Anwendung von Restorative Justice bei der Lösung von Schulkonflikten, die in der zentralen Region von Rio Grande do Sul in den letzten Jahren (2014/2016) aufgetreten sind, wenn diese Anwendung wirksam ist, was sind Ihrer Meinung nach die Vorteile, die für das Schulumfeld als Ganzes generiert werden? Und für die Individuen, die es zusammensetzen?